Especiarias & Ervas Aromáticas

Jean-Marie Pelt

Especiarias & Ervas Aromáticas

história, botânica e culinária

inclui receitas

Tradução:
André Telles

ZAHAR

Consultoria botânica:
Marta Moraes

Preparação de texto e pesquisa iconográfica:
Geísa Pimentel Duque Estrada

Projeto gráfico e diagramação:
Mari Taboada

Título original: *Les Épices*
Tradução autorizada da primeira edição francesa publicada
em 2002 por Librairie Arthème Fayard, de Paris, França

Jorge Zahar Editor Ltda.
rua Marquês de S. Vicente 99 – 1º | 22451-041 Rio de Janeiro, RJ
tel (21) 2529-4750 | fax (21) 2529-4787
editora@zahar.com.br | www.zahar.com.br

Fontes iconográficas: *Dictionnaire de botanique,* M.H. Baillon (Paris, Hachette, 1876, vols.I-IV); *Flowers of the field,* Rev. C.A. Johns (1885); *Herbarum Vivae Eicones,* Otto Brunfels, ilust. Hans Weiditz (séc. XVI); *História da expansão portuguesa no mundo* (1940, vol.II, ilusts. sécs. XV e XVI); *História do imperador Vespasiano* (Lisboa, 1496); *Horti medici amstelodamensis,* Jan Commelin (Amsterdã, P. e J. Blaeu, séc. XVII); *Hortus floridus,* Crispin de Passe (Arnhem, Janssoon, 1614); *Hypnerotomachia,* Poliphilus (Veneza, 1499); *Kreuterbuch,* Lonicer (Frankfurt, 1569); *Les croisades à Jérusalem,* Bernhard von Breydenbach (c.1486); *Les jardiniers français,* Nicolas de Bonnefons (séc. XVIII); *O Jardim Botânico do Rio de Janeiro: Uma lembrança do primeiro centenário, 1808-1908,* João Barbosa Rodrigues (fac-símile publ. em 1998 por ocasião do 190º aniversário); *Opera quae extant omnia,* Matthiolus (Frankfurt, 1598); *Paradisus terrestris,* org. John Parkinson (Inglaterra, 1656); *The country house-wife's garden for herbs of common use* (ilust. séc. XVII); *The herball or General history of plants,* John Gerard (Inglaterra, 1597).

Todos os esforços foram feitos para determinar a origem das ilustrações usadas neste livro. Teremos prazer em creditar as fontes de eventuais omissões, caso assinaladas.

Pelt, Jean-Marie, 1933-
P499e Especiarias & ervas aromáticas: história, botância e culinária/ Jean-Marie Pelt; tradução, André Telles. – Rio de Janeiro: Zahar, 2003.

Tradução de: Les épices
Inclui receitas
Inclui bibliografia
ISBN 978-85-7110-756-4

1. Especiarias. 2. Condimentos. 3. Plantas aromáticas. 4. Culinária (Ervas). I. Título.

CDD: 633.83
03-2234 CDU: 633.82

SUMÁRIO

Especiarias & Ervas Aromáticas

1

As Especiarias na História

A Rainha de Sabá, Simbá, o Marujo, o Califa de Bagdá, Marco Polo: todos eles figuras legendárias que evocam os mistérios do fabuloso Oriente. Todos associados às especiarias.

1298: Veneza e Gênova, eternas rivais, estão em guerra. Ao largo do litoral dálmata, os genoveses levam vantagem. Marco Polo, célebre viajante que retornara da China cerca de seis anos antes, é feito prisioneiro. Vai permanecer três anos nas cadeias genovesas. Para passar o tempo, conta ao seu companheiro de cativeiro, o notário Rusticello, de Pisa, as mil e uma peripécias da viagem à China que fizera com seu pai e seu tio, e que durara um quarto de século. Marco intitula seu relato de *A descrição do mundo*, mais conhecido depois como *O livro das maravilhas*. Essa obra rapidamente se torna um dos "best-sellers" da Idade Média: de uma época em que a impressão gráfica ainda não existia, sobreviveram cento e quarenta e três exemplares manuscritos. O livro é logo traduzido

Marco Polo e o grão-cã Kublai na Ásia

na maioria das línguas românicas da época: provençal, catalão, toscano, veneziano, aragonês... O surgimento da impressão gráfica, um século e meio mais tarde, multiplica esse enorme sucesso editorial. Inicialmente redigido em francês, é impresso em alemão a partir de 1477 em Nuremberg, depois em veneziano em 1496, e finalmente em francês em 1559. Marco guardou na memória, com espantosa precisão, tudo o que viu e viveu durante sua longa viagem e temporada na China. Em Cambalica, atual Pequim ou Beijing, o grão-cã Kublai em pessoa, imperador da China, confiou-lhe algumas tarefas relativas à administração fiscal ou às missões diplomáticas.

Em 1294, enquanto os Polo voltam da China, o franciscano Giovani da Montecorvino ali chega depois de uma viagem de cinco anos. Enviado pelo papa Nicolau IV junto ao grão-cã, recebeu procuração para estabelecer relações duradouras com ele.

Desse modo o Ocidente começa a descobrir aquela China misteriosa que até então ninguém visitara ou percorrera. Claro, os grandes impérios do Mundo Antigo já mantinham algum contato, mas por meio de cascatas de intermediários, sem nenhuma relação direta. A verdade é que praticamente se ignoravam. No Ocidente, a história se desenrolara em Atenas e Roma, Alexandria e Bizâncio, Bagdá e Babilônia. Para além se estendiam as imensas *terra incognita* que marcavam os confins do mundo conhecido. Só as desbravavam às vezes, através das estepes eslavas, hordas devastadoras e temidas. Quando os Polo a descobrem, a China, por seu lado, representa um antiqüíssimo e gigantesco império autárquico sob o jugo do rigor de soberanos mongóis, isolado e ignorado do Ocidente. Os romanos nada conhecem da China; nenhum deles nunca colocou os pés lá; o próprio Plínio ignora sua existência, ao passo que cita a Índia e o Ceilão, conhecidos por ouvir-dizer. No entanto, na sua época, as especiarias do Extremo-Oriente já chegavam, via Oriente mediterrâneo, à mesa dos cidadãos de Roma.

No relato bíblico da famosa viagem da Rainha de Sabá para se encontrar com Salomão, cerca de mil anos antes de nossa era, está indicado que "a rainha presenteou o rei com quatro toneladas de ouro e grande quantidade de perfumes e pedras preciosas. Jamais apareceu quantidade tão grande de arômatas como a que a Rainha de Sabá deu ao Rei Salomão".[1] Esses arômatas vinham do seu reino, a antiga Arábia Feliz dos romanos, o Iêmen de hoje. Mas o que devemos entender exatamente pelo termo "arômata"?

Para os nutricionistas contemporâneos, o termo designa qualquer substância acrescentada a um alimento ou a uma bebida para lhes modificar o sabor ou o aroma. Na época, ainda não existia a palavra "especiaria", surgida na França em cerca de 1150 e derivada do latim *species*, "espécie". Porém, desde os primórdios, ouro e especiarias são associados, ficando na história como sinônimos dos bens mais preciosos.

Entretanto parece que a Bíblia confere acepção mais ampla à palavra "arômatas", citada sobretudo no Cântico dos Cânticos, onde é evocado "um pomar de romãzeiros carregado de essências raras, nardo e açafrão, cálamo, árvore-do-incenso, mirra e aloé, o cinamomo, os mais delicados arômatas".[2] Portanto, o cinamomo, que não é outra coisa senão a canela, chegava bem antes da nossa era no contorno mediterrâneo. Na ilha de Lesbos, as discípulas da bela Safo, poetisa do século VII antes de Cristo, já se perfumavam com canela. Os poemas sáficos mencionam também o açafrão, que brotava na Grécia, onde suas flores roxas e seus estigmas carmim eram bastante utilizados. Estes últimos serviam, ao lado da canela, para aromatizar o vinho, e suas flores eram urdidas em forma de coroa para honrar os deuses.

Aloé

1. I Reis, 10, 10.
2. Cânt. 4, 13-14.

Na Babilônia, o célebre Nabucodonosor, inimigo jurado dos hebreus, apreciava os pratos e vinhos com especiarias. Quando Alexandre, o Grande, penetra na Pérsia em 330 a.C., descobre no palácio de Dario II, em Persépolis, não menos de duzentos e setenta e sete cozinheiros e numerosos escravos exclusivamente dedicados às especiarias.

Cálamo

O Egito antigo também foi um grande consumidor de plantas medicinais, perfumes e arômatas, oferecidos em sacrifício aos deuses ou aos homens para homenageá-los, honrá-los, curá-los ou embalsamá-los. Sua situação geográfica propiciava um intenso comércio das especiarias na encruzilhada das rotas terrestres que vinham do Oriente distante e do mar Vermelho, muito cedo singrado pelas embarcações árabes.

Os árabes armazenavam de fato os preciosos arômatas ao longo da costa somáli, ou "Costa das Especiarias". Certas receitas de preparação complexa se beneficiavam então de grande reputação, como o "metópio", o "crocomagno", o "quifi" e o "bálsamo real", entre outras medicações que se tornaram lendárias. A própria alimentação era fortemente condimentada, assim como as bebidas (vinho, vinagre, cerveja). Para isso eram utilizadas plantas que cresciam espontaneamente no Egito, mas também especiarias vindas de longe, como a canela, o cravo-da-índia e a noz-moscada. O vinho acanelado era de consumo corrente e seu uso ainda não foi abolido em nossa época apreciadora de sangrias e vinhos quentes.

Sendo os primeiros séculos da civilização latina marcados pelo selo da sobriedade e da austeridade, os romanos só adotaram tardiamente essas práticas. Desse ponto de vista, o advento do Império rompe com a época da República. As especiarias então tornam-se moda, e o uso da pimenta-do-reino faz furor. Plínio parece deplorá-lo quando escreve em sua *História natural*: "Quem teve a ousadia de lançar essa moda na culinária? Ou quem, para saciar seu apetite, não se contentou com a dieta?"

Sob Tibério, Marcus Gavius Apicius, fino gourmet romano, vira uma celebridade pela extravagância de suas receitas: sugere línguas de pavão, de flamingo-rosa ou de rouxinol, tetas de leitoa e cristas de galo! Tão rico quanto perdulário, esgota sua fortuna comprando quantidades assombrosas de especiarias com as quais faz as combinações mais inesperadas! Excelente no doce-salgado, nos agridoces, nas misturas dos arômatas mais sutis, consegue despertar tamanha curiosidade que em Roma *apicius* significava cozinheiro na época. Seus talentos culinários e sua originalidade lhe valeram um vistoso séqüito de jovens romanos que terminaram por provocar sua ruína. Como resultado disso, na melhor tradição da Roma antiga, suicidou-se. Mas nos deixou receitas extraordinárias, como a deste *leitão à jardineira*.

"Desossa-se o leitão pela goela à maneira de um odre. Recheia-se com frango picado, pasta de tordo, toutinegras com suas garras picadas, salsichas de Lucani, tâmaras descaroçadas, escargots sem concha, malva, beterrabas, alho-poró, aipo, brócoli cozido, coentro, pimenta em grãos e pinhões. Acrescentam-se quinze ovos e garum com pimenta. O leitão então assado no forno é cortado pelo lombo e regado com um molho composto de azeite de oliva, vinho palhete, mel, garum, pimenta-do-reino e arruda."

O *garum* é um molho picante produzido pela decomposição de vísceras de peixes expostos ao sol durante dois meses; evoca o tradicional *nuoc-mam** da cozinha vietnamita. A adição prévia de sal limita a proliferação da flora bacteriana e propicia sua conservação. Quanto ao *vinho palhete*, é obtido com uva colhida antes da maturação e exposta sobre um leito de palha onde termina de amadurecer.

Em arte culinária, a imaginação de Apicius não conhece limites. Eis agora o seu célebre condimento, o *conditum mirabile*:

"Numa cratera de bronze ao fogo, despejam-se 2 sesteiros de vinho e 15 libras de mel (ou seja, 3,3*l* de vinho e cerca de 15kg de mel). O volume é reduzido por meio do aquecimento e mexendo-se sempre, mas a ebulição é interrompida com a adição de vinho frio. Depois de esfriar, esquenta-se novamente diversas vezes. Mais tarde, no dia seguinte, escuma-se e aromatiza-se com pimenta moída (4 onças, ou seja, cerca de 120g), 3 escrúpulos (3,5g) de resina de lentisco em pó, um dracma (cerca de 6g) de açafrão e outro tanto de malabastro, 5 tâmaras amolecidas no vinho, as nozes destas grelhadas, e vinho, ainda mais vinho (18 sesteiros, ou seja, cerca de 28*l*). Depois se aquece novamente até a ebulição."

* O *nuoc-mam* resulta de uma transformação biológica por fermentação que torna assimiláveis os elementos nitrados presentes na carne do peixe. (N.T.)

O *conditum mirabile* era consumido quente ou frio... consumindo ele próprio, como vimos, grandes quantidades de especiarias e de vinho. Um vinho fortemente apimentado.

Em Roma, as especiarias decerto não eram acessíveis a todos os bolsos, mas todos podiam sorver seus eflúvios percorrendo a *Via piperatica*, a rua da Pimenta, onde seu rico mosaico de múltiplas cores e fragrâncias poderosas ou delicadas era exibido nos balcões bem perto do fórum de Trajano.

Quando os romanos conquistam a Gália, encontram hábitos alimentares pouco refinados. Só o açafrão é então utilizado para temperar os pratos. Mas Roma logo introduz seus próprios costumes culinários, que se propagam rapidamente, sobretudo o uso do garum em sua versão perfumada ao cardamomo, cominho, menta e pimenta. Quanto aos vinhos, são freqüentemente aromatizados ao absinto.

Com Roma ameaçada pelos bárbaros, a pimenta logo se torna uma nova moeda de troca. Depois do saque de 410, Alarico, rei dos visigodos, exige que o imperador lhe pague um tributo anual de 300 libras de pimenta. Depois o Império Romano decai e o comércio das especiarias cessa brutalmente no Ocidente. Constantinopla então pega o bastão, e aproveitando-se do declínio de Alexandria, torna-se o epicentro desse mercado. Dizem que era grande a paixão pela noz-moscada.

Depois de um relativo declínio durante o período merovíngio, as especiarias voltaram a abundar nas mesas dos senhores e personalidades ocidentais. Porém tudo indica que isso também aconteceu em certos mosteiros, como sugere Beda, o Venerável, célebre teólogo inglês que deixa, com sua morte, uma impressionante coleção de especiarias e substâncias similares. A lista delas chegou até nós: pimenta, açúcar, passas, lavanda, anis, trigo-sarraceno, canela, cravo, cominho, coentro, cardamomo, ciperos, gengibre, gronofilo, alcaçuz, ameixas.

Mais tarde, no célebre Capitulário de Villis, equivocadamente atribuído a Carlos Magno mas na verdade estabelecido a pedido de seu filho Luís, figura a lista de setenta e uma plantas a serem cultivadas em todos os domínios imperiais. Naturalmente, as especiarias de origem exótica não constam dela, mas ali encontramos anis, aneto, sálvia, alecrim, segurelha, hortelã, salsa e ligústica.

O grande número de dias de jejum impostos pela Igreja favorece o consumo do peixe, ao passo que as ostras, tão apreciadas pelos romanos, desaparecem completamente. Já nessa época, os frutos-do-mar viajam. Pescados no Loire, salmões e lampreias são expedidos para longe numa espécie de geléia aromatizada com cravo, gengibre e diversas espécies de ervas. O peixe é então servido nas mesas nobres com salsa, sálvia, vinagre, gengibre, canela, pimenta, cravo, grãos-do-paraíso, açafrão e noz-moscada.

Passa-se assim a julgar o anfitrião pelo requinte de seus pratos e pela diversidade das especiarias oferecidas, o que se torna um sinal visível e real de riqueza. Sob o reinado de Filipe Augusto, João de Hauteville observa:

"Entre os condimentos, ele prefere os mais caros; pois a despesa faz o mérito da mesa e o preço dos pratos aumenta seu sabor. Para encontrar temperos, para reunir especiarias, explora-se o universo inteiro..."

Porém é preciso lembrar que as más condições de conservação dos alimentos e a relativa pobreza dos produtos disponíveis também explicam essa fascinação. O cardápio básico na mesa do fulano era constituído de ervilhas, favas, legumes secos e raízes. Na ausência de um sistema de refrigeração, as carnes estragavam e os molhos temperados com especiarias cumpriam a função de mascarar o sabor macerado.

Parece que nessa época o gengibre predomina seguido pela canela, o açafrão e o cravo-da-índia. Presentes nos molhos, mas também nas compotas, doces, tortas, consomês e confeitos *dragées*, as especiarias conferem a esses diferentes pratos seus sabores picantes e ardentes.

Numa famosa obra de Guiherme Tirel, dito Taillevent, cozinheiro de Carlos V, publicado em cerca de 1380, *Le viandier* – ou seja, *O bom anfitrião* –, figura um grande número de receitas todas muito temperadas. (O título da coletânea provoca confusão hoje em dia: até o século XVII, a palavra francesa *viande* de fato designa os alimentos em geral; deriva do latim popular *vivandia,* o que serve para a vida. De *vivandia* restou *vivandière* [vivandeira], ou seja, a cozinheira do regimento.) *Le viandier,* que conhece um enorme sucesso antes mesmo da invenção da prensa tipográfica, mas sobretudo depois, sugere diversos pratos condimentados, como o caldo à base de canela, carne de caça ao cravo-da-índia ou o consomê de ave ao cominho.

Em 1393, surge um novo livro, *Le mesnagier de Paris* – ou seja, *O intendente parisiense* – que um homem de meia-idade redige para sua jovem esposa. Da arte de escolher criteriosamente os criados à responsabilidade de cumprir os deveres religiosos e conjugais – os dois andavam juntos –,

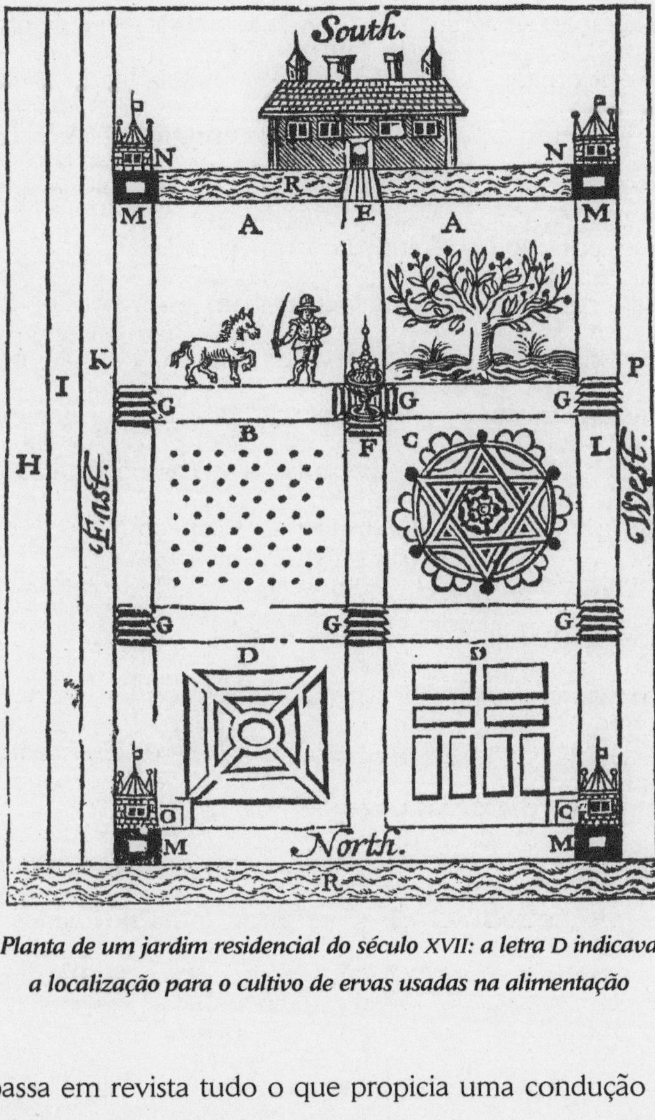

Planta de um jardim residencial do século XVII: a letra D indicava a localização para o cultivo de ervas usadas na alimentação

o autor passa em revista tudo o que propicia uma condução pacífica e serena da vida familiar. Naturalmente, não faltam receitas culinárias e as especiarias têm nelas papel preponderante. A mostarda já aparece ali e observa-se que "no inverno, tomates e molhos devem ser mais fortes do que no verão". O autor do *Intendente* inova ao preconizar misturas de especiarias secas que depois irão aumentar de volume ("alongar") com a adição de agraços, vinagre e azeite. Só faltava a salada, cuja moda, introduzida a partir da Itália se propagará até o final da Idade Média.

Nos banquetes, os vinhos aromáticos correm a rodo e o hipocraz, vinho de canela, é freqüentemente emulado pelo vinho ao gengibre, preconizado por Nostradamus, aliás um grande amante de geléias e marmeladas. Por extensão, elas logo passam a ser consideradas como especiarias, assim como as confeitarias, as compotas, os pães perfumados que guarnecem as mesas aristocráticas. Com as cruzadas tendo dado início à entrada maciça das especiarias exóticas nas mesas européias, elas ocupam de agora em diante todos os espaços. Carne, pão, vinho, legumes, peixe, doces, tudo é condimentado. A época também vê surgir o reputado pão de especiarias, à base de mel.

O Renascimento não fica atrás: os pratos condimentados com arômatas do Oriente sempre estarão em alta. Os livros de receitas se multiplicam; "as lesmas chamadas escargots", os "pitus", as "rãs" e outras sibas não são esquecidos, sempre valorizados com condimentos apropriados.

Mais tarde, no século XVII, aparecem grandes novidades: por intermédio da Espanha, a América fornece o chocolate; da Ásia, chega o chá; e da África, o café.

Se por um lado as especiarias custavam caro para os cozinheiros e amadores, por outro enriqueciam a corporação dos especieiros, cujo ofício foi rigidamente regulamentado por um decreto promulgado em 1484 por Carlos VIII. Uma estrita hierarquia foi então instaurada. No alto, os "pimenteiros soberanos", que eram especieiros de atacado; estes dominam os especieiros varejistas, os cirieiros e os boticários, que dividiam com os primeiros o direito de vender especiarias exóticas e plantas que entravam na fabricação de remédios. Essa ambigüidade alimenta durante séculos uma rivalidade severa entre especieiros e boticários que pretendem impor o seu próprio estatuto,

Utensílios de boticário

aquele que, de século em século e de processo em processo, resultou no monopólio atual dos farmacêuticos. Assim os boticários ganharam sucessivamente contra os cirieiros pela venda do sebo, contra os azeiteiros pela venda do azeite de oliva, contra os destiladores pela venda de aguardente, e mesmo contra os vinagreiros e os fruteiros. Em contrapartida, perderam em 1777 a incumbência de verificar os pesos e balanças, o que permaneceu prerrogativa dos especieiros.

Quanto a estes últimos, faziam parte das seis corporações mercantis, elas também estritamente hierarquizadas, tendo à sua frente os comerciantes de têxteis, depois os especieiros, os armarinheiros, os peleteiros, os tecelões de malha e os ourives. Tornar-se especieiro não estava ao alcance do primeiro que chegava. Para adquirir o direito de vender o menor grão de pimenta, a mínima casca de canela, era preciso três anos de aprendizagem e três anos de corporação. Depois dessa formação, o candidato ao grau de especieiro prestava juramento solene perante o procurador do rei e recebia seus títulos de mestria, assinados por três guardas-boticários e três guardas-especieiros, veneráveis personagens que equivaliam a atuais presidentes das juntas comerciais.

Capa de obra sobre botânica e ervas medicinais, século XVII

Os boticários sofreram um duro revés quando, em 11 de julho de 1742, um decreto estabeleceu entre os especieiros e eles uma necessária cooperação, estando estes doravante autorizados a vender não apenas drogas simples, como também as "grandes composições populares", tais como a teríaca, verdadeira panacéia da época, e o mitridato, cujas virtudes como contraveneno não precisam mais de comprovação.

Especieiros e boticários eram reputados por sua avidez pelo lucro. Henri Leclerc nos conta que no século XV, num Mistério da Paixão, dois personagens estão em cena, um, especieiro, outro, pertencente à terceira corporação mercantil, o armarinheiro: "Jesus acaba de ser descido da cruz, e para sepultá-lo é preciso conseguir 'um bom sudário e um bom ungüento'. Um armarinheiro a quem José de Arimatéia vai pedir o primeiro desses itens, depois de ter fornecido a nomenclatura de todos os artigos que sua loja continha, oferece um 'pano', que José aceita e cujo preço pergunta. Mas o armarinheiro, sabendo que é 'para o profeta sepultar alguém', dá mostras tanto de 'devoção' quando de 'desinteresse' ao recusar qualquer pagamento. Bem diferente é a atitude do especieiro onde as santas mulheres foram buscar o ungüento: do mesmo modo que o armarinheiro, começa por fazer reclame ao enumerar todos os produtos que se encontravam em sua oficina. Depois gaba seu 'ungüento', que declara 'mui precioso' e dotado de todo tipo de virtudes extraordinárias. Madalena tem pressa em adquiri-lo, bem como não passa pela sua cabeça barganhar. O especieiro pergunta o que vai fazer com aquilo... Sabendo que é para ungir o corpo de Jesus, fixa seu preço em 20 libras turenses, o que representa uma soma enorme. Madalena não acha um absurdo; paga sem fazer observação alguma."[3]

---

3. Henri Leclerc, *Les Épices*, Masson, 1929.

Os especieiros se enriqueciam, mas também os magistrados, pois era uso na Idade Média oferecer-lhes presentes de grande valor (sobretudo à custa dos litigantes). Assim que obtinham ganho de causa, os beneficiados os remuneravam em especiarias, costume que não tardou a degenerar em abuso, tendo os juízes transformado o que no início era um presente oferecido por gratidão em obrigação incontornável. Quando no século XV um incêndio devastou o Palácio da Justiça em Paris, circulou a quadrinha satírica:

Decerto foi um triste jogo
Quando a Senhora Justiça em Paris
Por ter comido temperos mis
Fez o palácio todo arder em fogo...

Sendo as especiarias espécies – vegetais, subtende-se – era inelutável que o pagamento em especiarias acabasse se tornando pagamento em espécie – líquida e sonante, desta vez!

A partir do século XVIII, esboça-se uma nítida evolução dos condimentos à base de especiarias, mas de composição complexa. Ao mesmo tempo, o abuso tende a diminuir e o sabor dos pratos a se impor por si mesmo. De todo modo, as especiarias se especializam: canela e gengibre, por exemplo, são de agora em diante reservados exclusivamente aos alimentos açucarados.

O século XIX é marcado pela obra de Brillat-Savarin,* que dedica relativamente pouco espaço às especiarias. Tudo acontece como se tives-

* Anthelme Brillat-Savarin (1755-1826): magistrado francês conhecido por sua obra gastronômica *A fisiologia do gosto.* (N.T.)

sem saído de moda, o que não significa absolutamente que a boa mesa não fosse sempre requintada. Talleyrand,* por exemplo, faz disso um argumento de sua diplomacia; seu mestre-cuca tinha uma queda particular pelo estragão, que preferia às especiarias exóticas. Em contrapartida, praticamente na mesma época, Napoleão demonstrava grande rusticidade, devorando suas refeições em menos de quinze minutos...

***Capa de obra sobre botânica, século* XVII**

Atualmente, embora o Oriente continue a fazer um grande consumo de especiarias – basta viver ou passar pela Índia para constatar o fato –, o Ocidente deixou um pouco de lado os sabores fortes, tão prezados na Idade Média.

Assim, salvo exceção, o vinho deixou de ser condimentado, restando esse privilégio para alguns licores e este ou aquele aperitivo. O *pain-d'épices* – pão de mel com especiarias – também manteve seu carisma,

* Charles Maurice Talleyrand-Périgord (1754-1836): influente diplomata francês, foi ministro das Relações Exteriores de Napoleão. Ex-bispo de Autun, abandonou a batina depois da Revolução Francesa. Conhecido por sua paixão pelo luxo e a boa comida. (N.T.)

apesar de um relativo descrédito já constatado por Henri Leclerc em sua obra sobre as especiarias datada de 1929.

No entanto, ao longo de todas as últimas décadas a busca por outras terras e a curiosidade por outras culturas relançaram o gosto pelas especiarias: nas casas e apartamentos, raras são as cozinhas não guarnecidas com os pequenos potes de condimentos que fizeram as delícias do comércio de outrora. Para os amantes do exotismo que somos, mas sempre muito à vontade diante de "um bom prato", as especiarias estão de volta!

Ilustração de 1499 mostrando planta de jardim para cultivo de flores e ervas: os canteiros 1, 2, 4, 9 e 12 sendo indicados para manjerona, arruda, hissopo, lavanda e tomilho respectivamente

2

As Antigas Rotas das Especiarias

Presentes nos alimentos, nos remédios, nas misturas destinadas ao culto, utilizadas para o prazer, a saúde e o sagrado, as especiarias estão de tal modo integradas na história das civilizações que seria possível reescrever a crônica dos impérios apenas seguindo as rotas por elas trilhadas.

Muito cedo o Egito antigo já importava especiarias utilizadas tanto na cozinha quanto na mumificação dos cadáveres e nos rituais sagrados: o incenso e a mirra vinham da Arábia Feliz (o Iêmen atual) e do Chifre da África (a Somália); a canela já chegava da Índia e do Ceilão. Muito cedo também, no Extremo Oriente, as trocas comerciais entre a China, a Índia e a Malásia desenhavam a primeira e mais antiga rota das especiarias. Depois o comércio se dirige para o Oeste, por terra e mar, rumo à Pérsia, à Arábia e à bacia do mar Vermelho. Os egípcios passaram então a se ocupar do sul e os fenícios do norte.

Com o apoio de um atlas, vamos percorrer juntos essas diferentes rotas.

No Ocidente, a África foi o primeiro destino dos caçadores de especiarias. Nove anos depois de sua ascensão ao trono, em 1481 antes de nossa era, Hatschepsut, rainha do Egito, enviou pelo mar Vermelho uma expedição ao mítico país de Punt, que se estendia ao longo do litoral até os confins da Etiópia e do Sudão atuais. Ao retornar, a expedição, cuja narrativa está consignada em blocos de pedra do templo funerário da rainha, trouxe madeira de ébano, incenso (olíbano) e mirra. Durante essa viagem, audaciosa para a época, os egípcios descobrem também girafas e rinocerontes cujas silhuetas são minuciosamente esculpidas no túmulo da rainha. Por prudência a navegação era efetuada ao longo da costa; os cinco navios, com 20 a 30 metros de comprimento e 7 metros de largura, eram a remo e a velas. Só se navegava de dia; toda noite, a flotilha se dirigia para as margens, onde acampava. Os navios percorreram assim os mil quilômetros entre o porto de Koseir, na latitude de Tebas, e a região de Punt. Como pedia o costume, os navegadores ofereceram presentes ao rei do país de Punt e receberam em troca anéis de ouro. Assim, desde a origem, a busca do ouro vai de par com a das especiarias, e assim será ao longo de toda sua história comum.

No Egito, as especiarias desempenham um papel essencial nos rituais de embalsamamento e de mumificação. No século I antes de nossa era o historiador Diodoro da Sicília relatava nestes termos as práticas dos embalsamamentos egípcios:

"Quando estão reunidos para tratar um corpo depois que já foi aberto, um deles enfia a mão na abertura do cadáver até o tronco e extrai tudo, exceto os rins e o coração. Um outro limpa cada víscera lavando-a no vinho de palma e nas especiarias. Embalsamam cuidadosamente o corpo durante mais de trinta dias, primeiro com óleo de cedro e alguns outros preparados, e depois com mirra, canela e especiarias, por terem a faculdade não só de preservá-lo por um longo período, como também de lhe conferir um odor perfumado."

Para se abastecer de especiarias, o faraó Ramsés III (século XII antes de nossa era) organiza expedições marítimas mais ousadas que, depois de terem percorrido o mar Vermelho de norte a sul, margeiam a costa da península Arábica e sobem o golfo Pérsico até o Eufrates, cujo vale, no coração das civilizações mesopotâmicas, é então o epicentro da difusão das especiarias e dos arômatas. De lá provinha a canela, a especiaria oriental de registro mais antigo. Mas da Mesopotâmia e do porto de Aden saíam também a pimenta, o gengibre, o cardamomo, o cravo-da-índia e a noz-moscada procedentes do Extremo Oriente e tendo como destino a bacia mediterrânea. Assim começaram as primeiras rotas das especiarias.

Muito cedo, caravanas de camelos subiam o Indo, penetravam no Afeganistão pelos célebre desfiladeiro de Kiber, depois atravessavam a Pérsia até a grande depressão da Mesopotâmia. De lá a rota prosseguia por via terrestre subindo o Eufrates até a Turquia atual, ou por mar contornando a península Arábica. Entre o mar Vermelho e o Mediterrâneo, o istmo de Suez exigia uma mudança de transporte, com as caravanas sendo substituídas por barcos a fim de alcançarem as margens do grande Mediterrâneo. A abertura do istmo de Suez, realizada bem mais tarde por Ferdinand de Lesseps (em 1869), sempre preocupara os soberanos do Egito. Projetos já haviam florescido desde o primeiro milênio antes da nossa era, mas foram abandonados por receio de ver a água salgada invadir as terras férteis do delta do Nilo. Mais tarde, sob Ptolomeu XIII, pai de Cleópatra, um porto foi construído na margem ocidental do mar Vermelho, chamado Berenice. Dali as mercadorias eram encaminhadas por caravanas até Alexandria, que se torna o centro do comércio das especiarias. Aliás, uma das portas da cidade se chamava Porta da Pimenta.

Quando Roma toma o lugar do Egito faraônico, a cidade imperial passa a ser o novo terminal do comércio das especiarias. Em sua loucura desbragada, Nero manda queimar nas exéquias de Popéia, sua esposa, todo o estoque de canela importado do Ceilão durante um ano.

Nessa época, um acontecimento importante se dá: um capitão grego, Hípalo, consegue um tempo de viagem espantosamente curto do estreito de Bab-el-Mandeb, ao sul do mar Vermelho, até a costa da Índia. Na verdade, havia descoberto a direção dos ventos de monção que permitem atingir a Índia rapidamente quando sopram do oeste e voltar na mesma velocidade quando se invertem e sopram do leste. De agora em diante os navegadores cessam de margear as costas da península Arábica, da Pérsia, do Paquistão atual e da Índia, para cortar diretamente pelo alto-mar. A lembrança de Hípalo permaneceu viva na história da navegação e sua figura foi associada pelos Antigos aos deuses do vento, Éolo e Zéfiro.

O surgimento do islamismo dá impulso considerável à atividade dos mercadores árabes cujas caravanas sulcam as trilhas do Oriente Médio, garantindo a interface entre mundo mediterrâneo e mundo asiático. Tudo indica que o Profeta – que bem jovem seguira as caravanas e, mais tarde, havia gerido o comércio de incenso e de mirra de sua primeira esposa, Kadidja – estava perfeitamente ao par dos segredos do movimento das especiarias que os árabes pretendiam ciosamente conservar para si. À medida que o islamismo foi se implantando na costa oeste da Índia, as trocas comerciais se desenvolveram. As relações com a Pérsia também se intensificaram, e Omar I, segundo califa do Islã, fundou em 635 – três anos depois da morte do Profeta – a cidade de Basra, ou Baçorá, no delta comum ao Eufrates e ao Tigre, o Chatt-al-Arab.

As aventuras rocambolescas de Simbá, o Marujo, relatadas na narrativa das sete viagens marítimas, episódios de cores vivíssimas nas *Mil e uma noites*, nos dão uma boa noção da maneira como os árabes praticavam o comércio no oceano Índico e no sudeste da Ásia. Estamos então sob o reinado do califa Harum al-Rachid, nos primeiros anos do século IX. O rico Simbá leva uma vida de luxo e prazeres em Bagdá. Mas a nostalgia das viagens de longo curso o assalta e ei-lo embarcando no porto de Baçorá, el Basra – atualmente a mais de oitenta quilômetros do mar, mas na época dando diretamente no litoral; nesse ínterim, os aluviões do Tigre e do Eufrates amputaram consideravelmente o golfo Pérsico ao se depositarem na bacia resultante de sua confluência e formarem um imenso delta.

Simbá era um homem prudente. Só embarcou em companhia de negociantes que "se propunham seguir a mesma rota", tudo "gente cujo caráter

convinha mais" – tanto é verdade que são recomendados humor e desígnios compatíveis para se aventurar anos a fio no mesmo barco! (Darwin terá alguma coisa a dizer sobre isso, uma vez que teve de suportar o caráter execrável do capitão do *Beagle*, Fitzroy!) O comércio exercido pelos ricos mercadores de Bagdá não tinha com efeito nada de "linear"; existia um bom conhecimento das fontes de abastecimento e das necessidades do mercado. Daí a importância dos relatos dos viajantes encontrados aqui e ali nos portos. De escala em escala, o negociante ficava sabendo o que vender e onde vender, o que comprar e onde comprar. As informações assim recolhidas eram tão preciosas que os copistas de Baçorá tomavam nota delas e depois as difundiam mediante pagamento.

As mercadorias compradas ou vendidas "de um mar a outro, de uma terra a outra, de uma ilha a outra, de um porto de comércio a outro ..., o coração alegre e a alma serena", se apresentavam como se segue: "madeira de aloé, madeira de sândalo, cânfora, noz-moscada, cravo-da-índia, cardamomo, cubeba, gengibre, diamante bruto, nardo indiano, cinamomo, pimenta, cana-de-açúcar, ouro, pedras preciosas, cocos, babosa, pérolas, cristal de rocha, jacintos, âmbar bruto, almíscar...", sem esquecer, claro, os artigos manufaturados – tecidos, jóias, bijuterias preciosas – que os ateliês de Bagdá logo se punham a copiar conscienciosamente a fim de os espalhar a preços módicos pelo conjunto do mundo muçulmano.

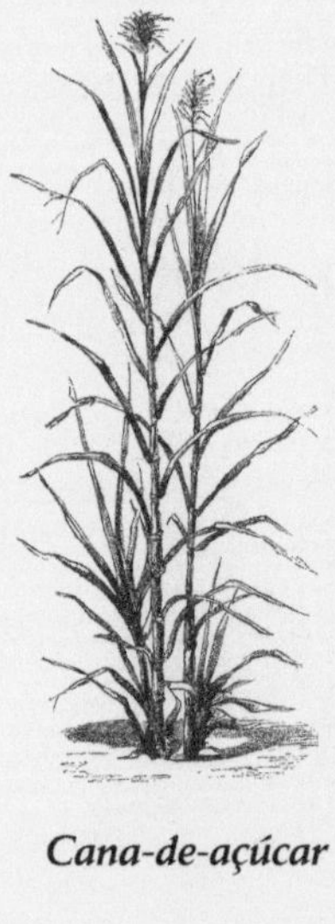

Cana-de-açúcar

Assim, depois das transações empreendidas ao longo dos seus périplos até a Índia, a Indonésia, a China e o Japão, Simbá consegue a façanha de multiplicar por dez o valor do seu capital, com o preço das mercadorias aumentando incessantemente de troca em troca.

Mas o relato das aventuras de Simbá, o Marujo, evoca também os roques – pássaros gigantes que produziam um eclipse do sol com a envergadura de suas asas –, as serpentes monstruosas, os peixes enormes como a baleia que engoliu Jonas, cavernas encravadas no ventre da terra nas quais se jogavam ao mesmo tempo o marido morto ou a esposa falecida e seu cônjuge sobrevivente, tempestades e naufrágios sem conta... Deve-se também fazer a distinção entre o que pertence à lenda e à fábula e as informações precisas fornecidas por Simbá a propósito das ilhas onde encalha, dos portos onde ancora, dos negócios ali praticados. Prova de que bem antes dos portugueses e dos holandeses, os árabes tinham de longa data descoberto o Extremo Oriente e seus segredos, assim como os vikings, do outro lado do mundo, tinham alcançado a América bem antes de Colombo.

Depois da conquista do Egito, os árabes fundaram em 969 uma nova cidade: o Cairo, nome que significa "a vitoriosa". Exatamente dois séculos mais tarde, o célebre sultão Saladino – aquele mesmo que pôs fim ao reino cristão de Jerusalém fundado pelos cruzados – criou no Cairo um bairro aberto aos mercadores europeus a fim de desenvolver o comércio – em primeiro lugar, o das especiarias – com as grandes cidades da Europa ocidental. O próprio mundo árabe fazia um grande consumo de especiarias não apenas para realçar a comida, mas também para usos medicinais.

Penetrando cada vez mais no leste, o islamismo se propaga ao longo das rotas de seda já utilizadas pelo budismo alguns séculos antes, para atingir a China.

Desde o século II antes de nossa era, a China exportava seda, cujo monopólio detinha, através de diversas rotas caravaneiras que atravessavam a Ásia. Os chineses, que muito cedo haviam descoberto a arte de criar o bicho-da-seda nas amoreiras, tinham guardado ciosamente esse segredo e ameaçavam com a pena de morte aquele que o divulgasse. Com efeito, esse segredo só ficou conhecido a partir do século VI, quando os monges nestorianos se apoderaram dele e o divulgaram na Europa mediterrânea. A partir daí, o bicho-da-seda passou a ser criado no Ocidente, o que porém não impediu que a seda chinesa atingisse por via terrestre Istambul e o Cairo, de onde era então encaminhada para os grandes mercados europeus.

A "rota da seda", termo mítico criado apenas no século XIX, recobre na realidade vários itinerários que partiam da cidade de Chi'an, no noroeste da China. Impraticável no século XX em razão da inacessibilidade da China comunista e das repúblicas islâmicas da ex-União Soviética, está novamente acessível na atualidade, como mostrou uma recente expedição da Unesco. Vamos segui-la no atlas.

De leste para oeste, a rota da seda atravessa inicialmente o deserto de Gobi, na Mongólia exterior, depois contorna pelo norte ou pelo sul o terrível deserto de Tacla-Macan, um dos mais inóspitos do planeta. Os dois itinerários se encontram em Cachgar (Cachi), a cidade mais ocidental da China, no coração da Ásia central. Depois atravessa sucessivamente as repúblicas atualmente independentes da Quirguízia, do Tajiquistão, do Usbequistão, do Turquemenistão, com escalas em Samarcanda e em

Bucara, prestigiosos testemunhos da arquitetura muçulmana, cujas mesquitas estão entre as mais belas do mundo. A trilha se estende pelas estepes da Ásia central de vegetação rala e verões tórridos. Mas os invernos gelados, que atestam os rigores de um clima ultracontinental, excluem a presença de qualquer vegetação tropical sob essas latitudes, no entanto baixas. Salgueiros e choupos abundam, escalonando o curso dos rios e das torrentes e marcando com sua onipresença as paisagens tão características dessas regiões. Em Samarcanda, o itinerário se desdobra novamente, com uma ramificação contornando o mar Cáspio pelo norte, a outra pelo sul. Esta, ao atravessar a cadeia do Elburz, embica para Teerã e Bagdá, depois atravessa os desertos do Iraque e da Síria até Alep e o Mediterrâneo. A alternativa setentrional atravessa o Cáucaso, depois a Turquia, e se ramifica para atingir os grandes portos mediterrâneos.

Sobre esta grande dorsal leste/oeste ligando a China ao Mediterrâneo está enxertado um eixo mais meridional que vem do Sudeste Asiático via Calcutá, o vale do Gange, a Índia setentrional, o desfiladeiro de Kiber, o Afeganistão, até Meched, no Irã, onde encontra a rota da seda propriamente dita. É por esse eixo que circulam as especiarias da Ásia. Seda e especiarias veriam seus preços aumentarem à mesma medida de sua progressão para o oeste, tudo em função das inúmeras aduanas e pedágios cobrados pelos potentados das regiões atravessadas. Passando assim de mão em mão e de mercador em mercador, acabavam chegando aos grandes portos do Leste mediterrâneo, onde eram negociadas a preços totalmente desproporcionais aos do seu valor inicial.

A seguir começa a aventura mediterrânea das especiarias, que logo passariam às mãos das repúblicas rivais de Gênova e de Veneza. Estas souberam tirar proveito das cruzadas, que fizeram a fortuna de sua frota e de seus negociantes. Veneza teve grande cuidado, no início, de não se engajar diretamente nas operações militares a fim de manter seus laços estreitos com os muçulmanos. Mas essa posição logo se tornou insustentável, e a República Sereníssima logo foi obrigada a interferir no conflito – aniquilando a frota militar egípcia baseada em Alexandria. Com isso, os doges, no apogeu do seu prestígio, passaram a controlar todas as rotas comerciais dominadas até então pelas potências islâmicas. Enquanto o Império Bizantino soçobrava em querelas intestinas e via sua influência decair gradativamente em prol de um mundo muçulmano em plena expansão, os doges de Veneza armaram um hábil estratagema para desfechar o golpe final sobre os orientais.

Graças às intrigas venezianas, a quarta cruzada se dirigiu para Constantinopla, conquistada em 5 de julho de 1203. O saque da cidade permanece nos anais como dos mais terríveis da história. Dizem que o sangue chegava a correr nas ruas. Com o controle direto do Império Bizantino por Roma e Veneza, aflui então para o Ocidente um fabuloso butim composto de grande parte das riquezas acumuladas por Constantinopla ao longo dos séculos. Mas logo se seguiram uma desorganização do comércio das especiarias e uma penúria que levou a Espanha e a Provença a se aclimatarem ao açafrão, cujo cultivo passou a ser feito em larga escala. Em seguida foram restabelecidos os circuitos comerciais e a dominação de Veneza se afirmou mais ainda quando, em 1380, com a batalha de Chioggia, conseguiu se livrar de Gênova, sua rival.

O século XIV também assistiu à manifestação de uma nova demanda de especiarias ligada à grande epidemia de peste, oriunda do mar Cáspio, que matou um terço dos habitantes da Europa. Como então se pensava que a doença era propagada pelo ar, recomendava-se que este fosse purificado com arômatas e especiarias; essa terapêutica, que devia se perpetuar durante séculos, aumentou ainda mais o consumo desses preciosos vegetais. O célebre filme de Luchino Visconti, *Morte em Veneza,* inspirado na bela novela de Thomas Mann, mostra essa prática.

Graças à sua frota de trezentos barcos mercantes, dos quais trinta e cinco de grande tonelagem, Veneza garantia assim o abastecimento de especiarias da Europa inteira. Nos canteiros de obras de seus estaleiros, mais de mil operários se empenhavam na construção de novas embarcações de comércio e de guerra.

O século XV marca o apogeu da Sereníssima. Em troca das especiarias e da seda, o ouro de todo o mundo cristão aflui para a república dos doges. Com a experiência, os venezianos adquiriram uma arte consumada da navegação e do comércio. A cada ano, sete grandes comboios mercantes eram fretados, as "sete galeras" de Veneza: de Alexandria, da Barbaria, de Aigues-Mortes, da Romênia, de Beirute, do Egito e sobretudo de Flandres – a mais perigosa, pois devia contornar Gibraltar para atingir a Europa setentrional. Essas galeras eram ricas em diversas mercadorias. A de Alexandria trazia a cada inverno duas mil e

Jardim italiano: ilustração de um romance de 1499

quinhentas toneladas de especiarias, repartidas depois entre as galeras de Aigues-Mortes e de Flandres, com destino à França e à Espanha de um lado, e a Londres e à Alemanha de outro. A galera de Aigues-Mortes desferiu um duro golpe no comércio marselhês das especiarias, que remontava à mais alta Antigüidade. De fato, a partir do século II antes de nossa era, Massilia comerciava com Alexandria, de onde importava pimenta, gengibre, cúrcuma, cardamomo e canela. Porém Marselha tentou resistir à pressão veneziana e se mostrou tão ativa que a galera de Aigues-Mortes teve de ser suprimida entre 1465 e 1467. Mas retomou o serviço em 1468 e funcionou regularmente até 1515. Por volta do ano seguinte, as primeiras especiarias portuguesas chegaram a Marselha. O mundo havia mudado. A rocha Tarpéia* sendo próxima do Capitólio, terminara a época da dominação veneziana. Uma nova página se abria na história do mundo e de seus impérios; era Lisboa que ia escrever os novos episódios.

* Rocha Tarpéia: encosta abrupta do Capitólio Romano, de onde eram precipitados, até o século I d.C., certos condenados à morte. (N.T.)

3

As Especiarias na Época das Grandes Descobertas

A partir do Renascimento, o controle das rotas marítimas se torna paulatinamente uma obsessão das grandes potências européias. O Ocidente empurra cada vez mais para leste suas frotas e suas ambições. Ao contrário, a navegação no sentido leste-oeste permanece pouco desenvolvida, como por exemplo no caso da China.

A China se basta a si mesma e se contenta com uma navegação "via correio". No entanto, os chineses inventaram a bússola e o leme, assim como barcos com até sete mastros e medindo cento e trinta metros de comprimento (a caravela de Cristóvão Colombo media apenas trinta metros). É com essas embarcações que os navegadores chineses entregam grandes carregamentos de suas famosas porcelanas azuis na Índia e no golfo Pérsico. No século XV, entre 1405 e 1433, sob a liderança do almirante Cheng-Ho, sete expedições são organizadas para o Oeste. Trata-se na verdade de uma espetacular demonstração de força e prestígio destinada a exibir estrepitosamente a deslumbrante civilização do "Império do Centro". Em cada escala, os chineses cumulam seus anfitriões com presentes, mediante reconhecimento cúmplice da "abundância e da generosidade do reino central...", mas também pagamento de um tributo destinado a marcar sua admiração pela China. Porém o imperador Yung, que apostou nessas grandes expedições marítimas para estender a influência da China ao oceano Índico, é o único soberano da dinastia Ming a montar tais empreendimentos. Seus sucessores não o seguirão nesse caminho e se recolherão timidamente no interior de suas fronteiras, fechando a China durante séculos às influências externas. E é Portugal que vai agora tomar a iniciativa de escrever uma página grandiosa da legendária história das especiarias.

Quando Henrique, o Navegador, filho do rei João I de Portugal, nasceu em 1399, Veneza estava em seu apogeu. Na juventude, participa da primeira expedição organizada por europeus contra os mouros em seu próprio território, a África do Norte. Em 1415, o porto de Ceuta, em frente a Gibraltar, cai nas mãos do rei João. Henrique é nomeado governador da cidade, e é ali que sua vocação se consolida. Na época, não se sabia praticamente nada sobre a África ocidental, a não ser que produzia uma semente estranha de gosto apimentado, a malagueta. De onde vinha? Ignorava-se. Assim, era chamada de "semente-do-paraíso". Sabia-se simplesmente que chegava por intermédio de caravanas ao litoral norte-africano na Tunísia ou à Tripolitana (atual Líbia). Menos cara que a pimenta-do-reino, conquistara a Europa no século XIII.

Henrique pressentia desde jovem os recursos dessa África desconhecida. Revelá-los, explorá-los a serviço de seu país e para sua grande glória, este se torna o objetivo de sua vida, do qual jamais se afastará.

Ceuta é retomada pelos mouros em 1438. Nesse ínterim, Henrique se instalou em Sagres, na extrema ponta meridional de Portugal que domina o oceano: o cabo São Vicente. Ali cria o que ainda não se chama um centro de pesquisas, dota-o de uma biblioteca e constrói um porto e um estaleiro. Reúne nesse local todas as obras disponíveis de geografia, bem como mapas e planisférios, cercando-se dos melhores arquitetos navais, marujos genoveses, venezianos e árabes, cartógrafos, astrônomos e todo um areópago de cientistas – uma iniciativa original que marcará época na história do mundo. Em Sagres, são comparados, analisados, confrontados todos os conhecimentos da época. Mas se constrói também uma frota potente destinada a enfrentar o misterioso oceano que nem os venezianos, nem os gregos, nem os romanos, nem os egípcios ainda ousaram explorar.

De fato, ninguém se aventurou para além do cabo Bojador, no sul do Marrocos. Circulam lendas sinistras evocando um imenso deserto sem água nem árvore, que nenhum ser humano seria capaz de enfrentar, menos ainda atravessar. Assim, diversas expedições haviam dado meia-volta e foi preciso ao mesmo tempo a paciência e o dom de persuasão de Henrique para convencer os fiéis navegadores a dobrar aquele cabo a qualquer preço.

As expedições portuguesas se sucedem ao longo de todo o século XV. Cada uma traz informações sobre o traçado das costas, o sentido dos ventos e das correntes, a fauna e a flora, os habitantes dos países visitados. Os "pesquisadores" de Sagres reúnem essas informações, tiram lições para expedições futuras e gradativamente elaboram o mapa da costa ocidental da África.

Henrique, o Navegador, morre em 1460. Na realidade ele próprio jamais navegara e, com sua morte, a costa africana só foi explorada até o nível de Serra Leoa. Cem anos depois de sua morte, o inglês Samuel Purchase escreve: "Ele nunca deixou de ir atrás de descobertas, até o dia em que entrou na Jerusalém celeste. Seus navegadores só exploraram a costa que ia de Bojador a Serra Leoa, ou seja, mil milhas em cinqüenta anos de esforços e despesas. É que a descoberta é uma tarefa muito difícil..."

Bem difícil de fato, quando se dispõe de pontos de referência tão frágeis como aquelas duas palmeiras crescendo ao longo da costa desértica e para além das quais, segundo escravos mauritanos interrogados em Ceuta, correria um grande rio. E, com efeito, grande foi a alegria de Henrique quando um de seus capitães, de retorno a Sagres, confirmou aquele depoimento: a descoberta do rio Senegal e, mais além, o reino dos homens negros: a Gynia (Guiné).

A África só comercializava até então duas especiarias: a pimenta-longa e a "semente do paraíso", ou malagueta. Mas, para o novo rei de Portugal, o

Nau do século XV

objetivo das explorações que queria empreender não era apenas a descoberta da África, mas sim a de uma nova rota para as Índias, país das especiarias. Em 1471, os navegadores portugueses atravessaram o equador e, dezesseis anos mais tarde, Bartolomeu Dias chega no que pensa ser a extremidade sul da África, que batiza de "cabo das Tormentas" – mas o soberano o rebatiza por sua vez de "cabo da Boa Esperança", já que traz a esperança de finalmente encontrar o famoso caminho marítimo que levava diretamente às Índias. Dias cumpriu sua missão: navegou "para o sul, e depois para o país do sol nascente, e isso tão longe quanto era possível fazê-lo". Na verdade, uma forte tormenta empurrou seus navios para além do cabo da Boa Esperança. Com o mar novamente sereno, dirigiu-se para leste, sem encontrar mais terras. Orientando-se então para o norte, encontra a terra da África no "cabo das Tormentas", sobre o qual sabemos atualmente que não é a extremidade do continente, estando esta situada mais a leste, no cabo das Agulhas. Estamos em 3 de fevereiro de 1488. Dias marca com uma cruz de mármore, como fizeram todos os seus predecessores ao longo da costa africana, o termo de sua viagem. Portugal agora controla toda a costa ocidental da África.

Quando Bartolomeu Dias retorna triunfante a Lisboa, um capitão genovês, cuja glória e reputação logo vão ofuscar os portugueses, Cristóvão Colombo, tentou convencer o rei João II a descobrir a rota da Ásia pelo oeste. Mas o soberano, ocupado demais com suas expedições africanas, não lhe dá confiança. Além disso, parece-lhe quimérico seguir Colombo em suas intuições fundamentadas nas informações recolhidas por Marco Polo a respeito da mítica ilha de Cipangu, atual Japão, cuja existência só é conhecida por ouvir-dizer.

Colombo é um homem resoluto e obstinado: já que Portugal se recusa a escutá-lo, é ao soberano espanhol que apresentará suas propostas. Mas este, engajado na guerra contra os mouros de Granada, tem por ora outras coisas com que se preocupar. Paciente, o genovês insiste e espera. Sua paciência acaba por ser recompensada e, em 1492, ele chega ao Novo Mundo, certo de ter descoberto uma nova rota para a Ásia. Todavia, os resultados materiais dessa primeira expedição se revelam decepcionantes: suas caravelas voltam a Barcelona sem ouro e sem especiarias.

Se por um lado a exploração posterior do continente americano vai se revelar relativamente decepcionante no que diz respeito às especiarias, no caso do ouro é coisa completamente diferente!

Em Hispaniola, atual Haiti, os companheiros de Colombo registram uma especiaria fortíssima, que batizam com o nome de *pimienta*. Mais tarde, Cortès descobre a baunilha. É tudo em matéria de especiarias. As laboriosas pesquisas de canela no Novo Continente, empreendidas por diversos botânicos, sobretudo o francês Joseph de Jussieu* no século XVIII, resultarão todas em fracasso.[1]

---

* Joseph de Jussieu: botânico francês (1704-1779), de ilustre família de botânicos, explorou a América do Sul. (N.T.)

1. Ver a esse respeito meu livro *La Cannelle et le Panda*, Fayard, 1999.

No entanto, Cristóvão Colombo acreditava piamente que descobrira as Índias e, ao mesmo tempo, as especiarias. Por ocasião de sua primeira viagem de retorno, carregara sua caravela com diversas amostras de plantas, mas estas apodreceram no meio do caminho, sendo necessário jogá-las ao mar. Em terra, contudo, gabava-se da riqueza em especiarias das terras descobertas, no que se enganava redondamente...

Um ano depois do retorno de Colombo, as duas potências da época, Espanha e Portugal, dividem o mundo entre si – com a bênção do papa Alexandre IV – através do tratado de Tordesilhas, que demarca, a trezentos e sessenta léguas a oeste das ilhas Cabo Verde, uma linha divisória: para a Espanha, o oeste; para Portugal, o leste. O que levará Portugal a intensificar suas explorações do continente africano e da rota oriental para as Índias. As negociações foram árduas e laboriosas. Os três plenipotenciários portugueses e seus homólogos espanhóis tinham consciência das riquezas que estavam em jogo nessa negociação. Essa foi em todo caso a opinião de um menino que encontrou os seis delegados durante um passeio e os interpelou com um sorriso malicioso: "Então são os senhores que estão dividindo o mundo entre si?" Os quinhões seriam efetivamente divididos com equanimidade: o Ocidente proporcionaria ouro para os espanhóis; o Oriente, especiarias para os portugueses.

Em 8 de julho de 1497, o capitão Vasco da Gama zarpa de Lisboa para procurar novamente uma rota oriental para as Índias. Embarcam com ele, como criados, indivíduos condenados à morte mas cuja verdadeira missão consistirá em estabelecer um primeiro contato com as populações nativas encontradas nas escalas; se um deles for então

agredido ou morto, terá apenas esse mérito; em contrapartida, se voltar ao navio, terá sua vida salva, com a condição porém de que permaneça no país visitado para ali defender a causa de Portugal e da religião até o retorno da frota. Dezoito desses condenados foram escolhidos por seu conhecimento da língua árabe ou de outros idiomas falados na África ocidental. A frota comportava três navios idênticos; sendo seus equipamentos intercambiáveis, as perdas ou avarias ocorridas num deles podendo ser compensadas por peças retiradas de um dos outros dois. Também é embarcada uma grande quantidade de víveres para o efetivo total embarcado de cento e oitenta homens. A ração cotidiana é estritamente fixada para cada um: uma libra de carne de boi ou meia libra de porco, uma libra e meia de biscoitos, um litro e um quarto de água, três quartos de litro de vinho, um vinte avos de litro de vinagre e um quarenta avos de litro de azeite. São levados também presentes destinados às populações encontradas, conhecidas por seu fascínio por espelhos, sininhos e outros badulaques. Além disso se abastece também de tecidos, veludos e outros têxteis com vistas a homenagear os soberanos da costa ocidental da Índia, costa que se pretende a todo custo descobrir.

Com a morte de João II pouco depois da ratificação do tratado de Tordesilhas, é o rei Manuel quem dá sinal de partida para a frota portuguesa. O discurso que fez nessa ocasião ficou célebre, exaltando aquele "utilíssimo e honradíssimo empreendimento, digno da glória de Deus! ... A fé em Nosso Senhor Jesus Cristo será levada àqueles que não a conhecem..." Colocadas essas premissas de ordem espiritual, convém abordar os aspectos mais materiais da missão. O rei Manuel cita então Marco Polo, que tão bem descreve as fabulosas riquezas do Oriente, "riquezas que proporcionaram a Veneza, Gênova e Florença o poder e a grandeza". Depois, sob a proteção dos arcanjos cujos nomes as batizaram, as naus *São Miguel, São Gabriel* e *São Rafael* aparelharam aos olhos do rei, que as acompanhou a bordo de um bote.

A navegação prossegue sem obstáculos até o sul da África, onde a flotilha enfrenta um terrível furacão. Depois de Bartolomeu Dias, Vasco da Gama descobre a fúria dos mares austrais. Aterrorizados, os marinheiros suplicam ao capitão para fazer meia-volta; ele não cede, e eis que em meio à bruma surge de repente a grande montanha tabular que Bartolomeu descrevera e que descortina, atualmente sob o nome de Montanha da Mesa, a Cidade do Cabo. A alegria de todos se aproxima do delírio. A tripulação encontra a cruz erguida por Dias e continua sua navegação para o Leste.

Quando avistam terra novamente, em 25 de dezembro de 1497, batizam-na, em homenagem ao dia natalino, de *Terra de Natal*. Vasco da Gama acaba de ultrapassar o extremo limite das terras conhecidas; deve agora desfazer com astúcia o complô daqueles que desejam a todo custo fazer meia-volta. Para isso, convoca a seu navio os pilotos e navegadores dos dois outros barcos, munidos com seus mapas e instrumentos de navegação. Depois lança tudo ao mar: agora é o único senhor da expedição, e qualquer passo atrás se torna impossível para os dois navios que o acompanham – uma vez que não detêm mais os meios de garantir uma navegação autônoma.

Mas eis que surge um novo inimigo, temido por todos os navegadores engajados em viagens para regiões longínquas: o escorbuto. Os dentes desaparecem sob as gengivas intumescidas, o que exala um repugnante cheiro de putrefação. Impossível se alimentar e, para diminuir a tensão naquelas carnes inchadas ou gangrenadas, dolorosas incisões se impõem tanto nas pernas como nas costas. Trinta marujos morrem dessa horrível doença, que na época se sabia conseqüência da falta de legumes frescos, sendo hoje em dia imputável a uma carência de vitaminas, sobretudo C. Uma escala oportunamente decidida permite aos navegadores se abastecerem de legumes e frutas, de modo que os doentes menos atingidos se restabelecem prontamente. Aproveita-se a parada no estuário do rio Bons Sinais para reparar os navios, sendo que um deve ser abandonado pelo estado de deterioração. Alguns dias mais tarde, a expedição aborda um frágil esquife manobrado por um mouro e alguns negros. O mouro é convidado a subir a bordo. Trata-se de um habitante de Cambaia, na Índia, corretor de especiarias. São estabelecidas relações amistosas com aquele "bom mouro" chamado Davane, que, exímio conhecedor do oceano Índico, presta vários serviços a Vasco da Gama.

A escala seguinte é em Moçambique, onde a chegada dos portugueses logo desperta a suspeita do xeique local. É então que o "bom mouro" Davane sobressai pois, dominando a língua local, consegue desbaratar seus funestos desígnios. De acordo com as disposições tomadas na partida, deixam em Moçambique um condenado à morte falante de árabe: João Machado. Este tem a missão de criar laços de amizade entre as populações locais e os portugueses, do que vai se incumbir à perfeição. Evita-se a escala em Mombaça onde o "telefone árabe" anunciara a chegada dos portugueses, suscitando fortes reservas. A nova escala é Malindi, no litoral do atual Quênia. A acolhida do potentado local é calorosa. É recebido a bordo com grande pompa; maravilha-se diante dos delicados utensílios de cozinha utilizados pelos portugueses, sobretudo o garfo, que não conhece mas que maneja com habilidade. Completamente conquistado para a causa portuguesa, o rei os confia a um piloto árabe encarregado de acompanhá-los até a Índia.

Depois de vinte e três dias de navegação, chega o grande momento: Calicut, na costa ocidental da península Índica, a famosa costa de Malabar, ou costa das Especiarias, está à vista. Recebidos em audiência pelo potentado local, os portugueses ficam deslumbrados com o luxo encontrado na corte. Sentado em almofadas tecidas a ouro, sob um baldaquim de seda, o monarca veste roupas bordadas a ouro e enfeitadas com rubis. Descobrem que Calicut é maior que Lisboa. Ducados venezianos e peças de ouro egípcias são ali moeda corrente e as especiarias são vendidas tendo como medida o quintal!* O almíscar

* Quintal: antiga medida de peso cuja unidade equivalia a aproximadamente 4 arrobas ou 58,8kg. (N.T.)

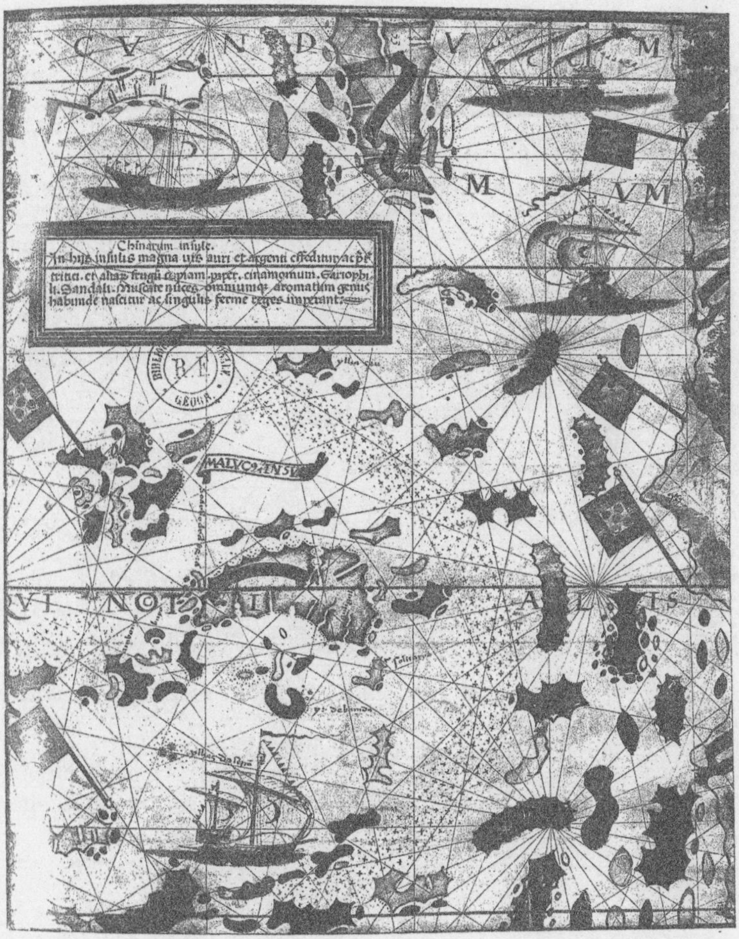

Mapa das ilhas das especiarias com legenda que menciona a exploração da pimenta, da canela, do cravo e da noz-moscada, 1519

e o ruibarbo são as mais caras, à frente do cravo-da-índia, da canela, da noz-moscada, da pimenta e do incenso, figurando o gengibre em último lugar na escala de preços. A canela provém de uma ilha distante cento e sessenta léguas ao sul (Ceilão) e o cravo-da-índia, de mais longe ainda, das ilhas Molucas.

A chegada dos portugueses não passa desapercebida, e os árabes temem por seu monopólio; portanto, vendem a Vasco da Gama apenas especiarias de qualidade medíocre, pagas em rubis à vista. O bom mouro "protesta vigorosamente contra a péssima qualidade do carregamento", mas o que interessa acima de tudo aos portugueses é provar em seu retorno que efetivamente navegaram até o país das especiarias. Quanto aos habitantes de Calicut, espantados com que especiarias tão medíocres sejam vendidas a preço tão caro, deduzem daí que os ditos portugueses só podem ser espiões.

Vasco da Gama deixa Calicut em 20 de novembro de 1498. A viagem de volta se desenrola sem obstáculos, entremeada por algumas escalas, e, em 18 de setembro de 1499, as naus carregadas de especiarias atracam em Lisboa. Os navegadores são recebidos com um júbilo extraordinário – na verdade, os sobreviventes, pois dois terços dos que partiram dois anos e dois meses antes morreram durante a viagem. Não sem certa ironia, o rei Manuel informa então aos soberanos espanhóis sobre essa façanha que vem restabelecer o equilíbrio entre as duas potências depois da viagem de Colombo para Oeste. Ele próprio se designa como "o rei da conquista, da navegação e do comércio para a Etiópia, a Arábia, a Pérsia e a Índia".

A contar dessa data, as duas potências da península Ibérica dividem de fato o mundo entre si. O ouro do Peru vai enriquecer fabulosamente a Espanha, ao passo que Portugal vai reivindicar o monopólio mundial do comércio das especiarias. Pois Lisboa não pretende evidentemente parar por aí. Seis meses depois do retorno de Vasco da Gama, o rei Manuel despacha para Calicut uma nova frota de treze naus, sob as ordens de Pedro Álvares Cabral. Desta vez, foram embarcados mil e quinhentos soldados, bem como dezessete eclesiásticos; a aliança do trono e do altar projeta exportar a fé católica para as longínquas Índias.

Essa segunda viagem terá conseqüências inesperadas. Navegando bem a oeste no Atlântico, Cabral acaba por descobrir uma terra desconhecida, que batiza de "terra de Santa Cruz". Trata-se na verdade do Brasil. Como essa terra se situa a leste da linha de demarcação fixada pelo Tratado de Tordesilhas, é *ipso facto* atribuída a Portugal. O destino seguinte da expedição é o cabo da Boa Esperança, onde, como foi o caso de seus dois predecessores, Bartolomeu Dias e Vasco da Gama, uma terrível tempestade dispersa a frota, da qual quatro caravelas naufragam. Bartolomeu Dias, em uma delas, desaparece assim ao largo do cabo que batizara com discernimento de "cabo das Tormentas" e que fora o primeiro a dobrar.

A frota portuguesa é recebida com grande pompa em Calicut. De acordo com a missão atribuída pelo rei Manuel, o rajá muçulmano é convidado a estabelecer relações comerciais diretas com Portugal e a proibir as atividades dos mercadores árabes. Em troca, Portugal se compromete a prover Calicut de todos os bens e mercadorias até então fornecidos pelos árabes e a um preço menor. Os árabes logo armam uma intriga contra os portugueses, e Cabral, sentindo que não conseguirá impor sua vontade pela força, se refugia em Cochim, onde obtém ganho de causa.

A ofensiva portuguesa contra os árabes se intensifica. Duas novas missões são despachadas para a Índia, a segunda novamente comandada por Vasco da Gama. Essa viagem dura menos de um ano. Vasco da

Gama traz consigo um suntuoso ídolo em ouro de sessenta libras e um enorme carregamento de especiarias.

Em 1506, uma nova frota de dezesseis caravelas, comandada por Tristão da Cunha,[2] parte para a Índia. A bordo, Afonso de Albuquerque, que vai consolidar a supremacia de Portugal no oceano Índico para grande prejuízo de Veneza e do sultão do Egito, confiscados de um monopólio milenar.

Mas Portugal aumenta mais sua vantagem: Malaca é conquistada e, com ela, o domínio do precioso estreito que permite a Lisboa controlar o acesso ao arquipélago da Sonda. Ainda mais a leste, os portugueses descobrem no arquipélago das Molucas, nas ilhas de Banda e Amboina, as árvores que dão os preciosos cravos-da-índia e a noz-moscada, cuja procedência ninguém conhecia no Ocidente.

A partir de 1513, as Molucas fornecem a Lisboa cem quintais de noz-moscada. Desejosos de manter excelentes relações com o papado, o rei Manuel despacha então para Roma uma suntuosa embaixada liderada por Tristão da Cunha. Ricos presentes são oferecidos ao papa Leão X, entre eles um elefante, dois leopardos e uma pantera. As crônicas relatam que o elefante se ajoelhou perante o soberano pontífice e o saudou respeitosamente... antes de aspergir copiosamente os espectadores com sua tromba, o que felizmente agradou à Sua Santidade, que, apaixonada

2. Esse capitão deu seu nome a uma das ilhas mais isoladas do Atlântico Sul.

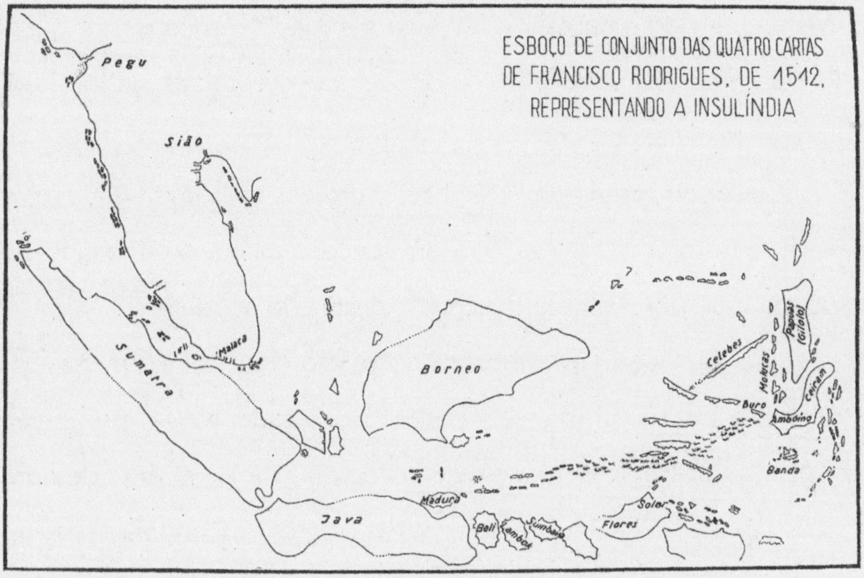

Esboço de cartas de 1512 representando a Insulíndia

pelos prazeres cinegéticos, proporcionou a si própria o divertimento de lançar uma pantera contra uma infeliz gazela.

Um jovem português, Fernão de Magalhães, antigo pajem da esposa do rei João II, logo irá tomar o lugar dos grandes navegadores do seu país. Retoma por sua conta as idéias de Colombo e pensa conseguir um dia, caso o rei lhe confie a missão, atingir as Molucas navegando para o oeste, assim como imaginara o descobridor de Hispaniola. Mas Fernão de Magalhães cai em desgraça em Portugal e reedita a façanha, depois de Colombo, de ser aceito e receber uma missão da Espanha, onde o jovem Carlos V lhe deposita confiança.

Comandante de uma frota composta de cinco naus, Fernão de Magalhães aparelha em 20 de setembro de 1519. Muito contrariado, o rei Manuel decide empregar a força para impedir Fernão de conquistar as Molucas: ordena ao vice-rei das Índias que o combata no local caso atinja o arquipélago do cravo e da noz-moscada.

A viagem de Fernão de Magalhães é um dos grandes fragmentos de bravura da história da navegação e nos foi contada em detalhe graças ao diário mantido por Antonio Pigafetta e destinado ao papa.

Fernão de Magalhães descobre no sul do cone latino-americano o estreito que leva seu nome e é o primeiro navegador a atravessar o Pacífico. Atraca nas Filipinas, mas perde a vida dois meses mais tarde numa de suas praias, massacrado pelos nativos. A frota espanhola prossegue sua rota a despeito de muitos problemas e em condições tais que "a serragem de madeira e os camundongos eram um regalo..." Atinge as Molucas em novembro, embarca carregamentos de cravo e noz-moscada, depois continua contornando a África. Ao final dessa primeira circunavegação, um único navio, com dezoito sobreviventes a bordo, consegue retornar à Espanha em setembro de 1522, burlando a vigilância dos portugueses.

Segue-se uma forte tensão entre os dois países. Carlos V então propõe uma troca: as Molucas contra o Brasil. João III opõe-se à transação. Carlos V se irrita e envia diversas missões às Molucas. A situação ameaça se agravar, quando o futuro imperador recua: seu coroamento deve de fato acontecer na Itália, onde o evento se revestirá de excepcional solenidade; custará uma grande quantia de dinheiro, de modo que o monarca resolve abandonar as Molucas e o comércio das especiarias aos portugueses. Os mercadores espanhóis protestam vigorosamente, oferecendo a Carlos V reembolsarem o montante da soma prevista para essa transação, inaceitável aos olhos deles. Mas o imperador recusa categoricamente e, para dar um fim a essa polêmica, consente finalmente em vender as Molucas para Portugal. Lisboa recupera portanto todos os direitos sobre o arquipélago, ao mesmo tempo que conserva o Brasil.

Mas Portugal ainda tem de enfrentar outros competidores. De fato, seus marujos não foram os únicos a singrar ao largo do litoral africano. Muito cedo, ousados navegadores de Dieppe tentaram a aventura e trouxeram pimenta-malagueta e marfim do litoral da Guiné. Tudo indica que tenham dobrado o cabo da Boa Esperança antes de Bartolomeu Dias, atingindo o extremo sul da África, que chamaram de "Agulhas". Mas nenhuma publicidade foi feita a respeito dessas expedições empreendidas por simples marinheiros, e, como ocorre com freqüência na história, o mérito dos descobridores não foi reconhecido. É então que o cenário armado com a Espanha se reproduz com a França. Francisco I, que pegara emprestada uma grande quantia do rei de Portugal, estava em dificuldades, não conseguindo meios de honrar sua dívida. Propõe então obrigar os navegadores franceses a renunciar ao seu comércio na costa ocidental da África. O rei João III se rejubila com essa iniciativa, vigorosamente contestada pelos marujos de Dieppe.

Com a Espanha e a França eliminadas da competição pelas especiarias, restam os ingleses. Estes não têm mais nenhuma chance. A seu crédito podemos citar a brilhante epopéia do corsário Francis Drake, que, com a concordância secreta da rainha Elisabeth I, empreende em 15 de novembro de 1577 uma volta ao mundo tendo como missão voltar com os porões abarrotados de especiarias. Drake chega até as Molucas pelo estreito de Magalhães. Afunda um navio português e saqueia naus espanholas carregadas de especiarias, firmando depois um acordo com o rei de Ternate, uma das ilhas do arquipélago produtora de cravo e noz-moscada. De volta à Inglaterra, desfruta de grande reputação, com os ingleses o qualificando de "mestre-ladrão do mundo desconhecido". O acordo assinado com o rei de Ternate deixa felicíssima a rainha Elisabeth, embora os efeitos positivos dessa iniciativa só dêem frutos a longo prazo. Em 1580, com efeito, Portugal está ao lado da Espanha, e o rei Filipe II se vê à frente do maior império do mundo; como o poderio de Madri está em seu apogeu, o melhor para a Inglaterra é esperar.

Quanto à Holanda, então chamada de Províncias-Unidas, autoproclamou sua independência para grande prejuízo da Coroa espanhola. Como represália, Filipe II decide proibir qualquer comércio com ela. Os mercadores holandeses tinham o costume de se abastecer em Lisboa e distribuir na Europa setentrional especiarias e outros gêneros preciosos trazidos pelas frotas portuguesas. Esse embargo os leva a entrar em luta aberta com os espanhóis. Pretendem enviar uma frota às Índias sob as barbas do senhor do "império onde o sol nunca se põe".

Os portugueses conservaram ciosamente o segredo das rotas marítimas cujos mapas elaboraram e cuja divulgação era punida com a pena de morte. No entanto, um alto dignitário espanhol consegue vender por uma fortuna vinte e cinco desses mapas a um impressor holandês que os reproduz por conta própria. Uma segunda traição vem beneficiar a posição holandesa: como militar, depois como negociante, Cornelis Houtmann viveu muitos anos em Portugal; chegou a viajar até a Índia. De volta à Holanda, é logo promovido a chefe da primeira expedição holandesa que percorrerá a cobiçada rota das Índias. Porém, esta fracassa e, dos duzentos e cinqüenta marinheiros embarcados, apenas noventa voltam ao país, sem especiarias – em toda a parte os mercadores portugueses conseguiram sublevar os nativos contra os recém-chegados.

Mas os protestantes das sete Províncias, ligadas sob a bandeira de Guilherme de Orange, não se resignam com isso. Novas expedições são financiadas a partir do ano seguinte por uma companhia fundada pelos ricos comerciantes holandeses: a "Companhia dos Países Longínquos". Desta vez os navios vão voltar ao país abarrotados de ricos carregamentos de especiarias. Outras companhias nascem, depois todas se fundem para dar origem em 1602 à célebre Companhia Holandesa das Índias Orientais. Os espanhóis se verão então confrontados com uma nova potência que não hesitará em enfrentá-los em suas distantes possessões dificilmente controláveis, incessantemente acossadas por corsários e piratas.

A escalada do poder dos holandeses é irresistível. Amsterdã se torna a capital de um grande império colonial. Depois de ter expulsado os portugueses das Molucas, a Holanda instaura sua soberania sobre Java e funda a cidade de Batávia – atual Jacarta –, que se torna capital das Índias holandesas.

A França e a Inglaterra vêem naturalmente com maus olhos a emergência dessa potência holandesa e fundam por sua vez poderosas companhias: a das Índias em Londres, em 1600, e muito mais tarde, a Companhia das Índias Orientais, criada por Colbert no começo do reinado de Luís XIV em 1664. Mas nenhuma consegue acabar com a dominação holandesa sobre o mundo das especiarias. Assim, os ingleses vão preferir desenvolver com a China o comércio do chá e do ópio, ao passo que os franceses, em seus balcões da Índia, em Pondichery ou Chandernagor, negociarão a seda, o arroz e o café.

Durante esse período, os holandeses empreendem nas Molucas uma política colonial intransigente. Noz-moscada e cravo-da-índia são com efeito, na época, as especiarias mais procuradas e mais caras; ora, elas só crescem nas ilhas desse arquipélago. Como é impossível controlar tamanha quantidade de ilhas e ilhotas, concentram a produção desses dois preciosos gêneros em determinadas terras. Assim, a noz-moscada só será cultivada nas ilhas Banda, e o cravo em Amboina. Aliás, em toda parte, essas "árvores especieiras" são impiedosamente destruídas de forma a manter os preços altos. Os holandeses conseguem inclusive manter uma oferta limitada para o mercado, isto é, cerca de seiscentos e cinqüenta mil libras de nozes anuais durante o século XVII. As discussões com os nativos não excluem o recurso à astúcia ou à força, todos os meios sendo válidos para conservar esse monopólio, até mesmo fortalecê-lo. Assim, Bougainville conta em sua *Viagem ao redor do mundo* que foi oferecida ao rei de Ternate uma soma de vinte mil rixdalers* para organizar a destruição de todas as mos-

* Rixdaler: moeda holandesa de prata. (N.T.)

cadeiras e craveiros de sua ilha. Enfim, ali onde não conseguem a destruição das árvores os holandeses compram suas folhas, sabendo que depois dessa poda as árvores perecerão.

Caravela, século XVII

A ilha de Amboina era mantida por uma guarnição holandesa e um forte a protegia. Militares percorriam a costa e navios patrulhavam em torno das ilhas. Outros destacamentos supervisionavam a destruição das árvores quando estas cresciam de novo entre as florestas devastadas. Essa destruição maciça das árvores de especiarias em diversas ilhas das Molucas tem naturalmente um efeito sobre a ecologia local, em particular sobre o clima dessas ilhas vulcânicas, que fica parcialmente mais seco. É preciso também impedir o vôo livre dos pássaros que transportam as sementes de noz-moscada e os frutos do cravo de uma ilha para outra, enganando a vigilância dos guardas holandeses e disseminado-as ao seu bel-prazer...

A destruição maciça das árvores depois do desfolhamento mergulha as populações nativas na miséria. Pior ainda: os holandeses, desconfiando deles, pioram suas condições de vida ao importarem escravos para cultivar as plantações sob seu controle. Essas fazendas de especiarias são cedidas a preços módicos a antigos soldados, sob a condição de que a colheita seja vendida à Companhia Holandesa a uma tarifa fixada por esta, que em troca fornece equipamentos, víveres e mão-de-obra. Já se escreveu dizendo que nenhum amante foi tão ciumento com sua namorada quanto os holandeses o foram com os craveiros de Amboina...

Um amor exclusivo, uma vez que os holandeses, além disso, faziam correr o boato de que as moscadeiras e os craveiros só conseguiam crescer e se desenvolver no arquipélago das Molucas. Além disso, as nozes eram mergulhadas em água e cal a fim de suprimir seu poder germinativo – precaução na verdade supérflua, pois uma simples exposição ao sol durante alguns dias basta para produzir o mesmo resultado...

Qualquer roubo de sementes ou de botões, qualquer plantação não controlada ou não autorizada são punidos com a morte. Para garantir o domínio absoluto das cotações, os holandeses procedem à regulação do mercado e fazem estoques prolongados. Assim, a colheita de 1734, particularmente abundante, só será posta à venda em 1760. Se preciso, queimam-se também os estoques. Em Batávia, acontece de colheitas inteiras serem destruídas pelo fogo. As fogueiras se acendem e é um espetáculo bastante apreciado: atmosfera perfumada pela emissão maciça dos óleos essenciais, cintilações e crepitações de sua combustão...

É aqui que a França entra em cena com um personagem fora do comum: Pedro Pimenta.

4

Pedro Pimenta, o Ladrão de Especiarias

Sua vida é um romance de múltiplas vertentes, e no entanto Pimenta é em primeiro lugar um cientista botânico, uma espécie de "cientista-aventureiro". Um romance que acaba bem: apaixonadíssimo pela mulher, conseguirá roubar as especiarias dos holandeses, mesmo tendo perdido uma das mãos, levada por um projétil de canhão.

Pedro Pimenta, de nome predestinado,* nasceu em 23 de agosto de 1719 em Lyon. Embora se dissesse filho de fabricantes de seda, seus pais eram modestos armarinheiros, tendo adquirido esse nome talvez de um distante ancestral especieiro. Aos quatorze anos, ingressa nos irmãos missionários de São José em Croix-Rousse. Aos vinte, é noviço nas Missões Estrangeiras, situada na rua du Bac, em Paris. Aos vinte e um, parte para o Oriente, seguindo a vocação dessa ordem religiosa. Ei-lo embarcado

* Em francês: Pierre Poivre. (N.T.)

numa dessas longas viagens marítimas durante a qual, como sempre, os marinheiros são dizimados pelo escorbuto, perdendo os dentes antes de perder a vida; assim, a tripulação diminui bastante ao longo do caminho.

Pimenta chega à China, porém mal desembarca se vê na prisão. Lá aprende a língua chinesa, o que lhe permite defender sua causa e ser libertado. Encontra-se sucessivamente em Cantão, Macau e até na Cochinchina. Mas os chineses não se deixam cristianizar facilmente, e o balanço do seu empreendimento de evangelização lhe parece ridículo. É verdade que ele mesmo não põe nisso zelo muito ardente. Pimenta se interessa sobretudo pelos alimentos terrestres: o arroz de montanha* não contribuiria para alimentar nossas colônias? E aquelas famosas especiarias, não podíamos cultivá-las em nossas próprias terras? Mas para fazer isso é preciso burlar a vigilância dos holandeses e quebrar seu monopólio sobre as "especiarias finas".

Essas idéias pululam na cabeça do jovem noviço cuja vocação religiosa parece relegada a segundo plano, tanto assim que seu superior acaba por excluí-lo da congregação e o manda de volta à França. Depois desse breve episódio religioso, será botânico e explorador, um pouco como Tournefort,** Lineu, Antoine de Jussieu e tantos outros naturalistas – entre eles o grande Darwin –, inicialmente destinados à carreira eclesiástica.

---

* Arroz de montanha ou de sequeiro: arroz cultivado em terrenos que prescindem de rega. (N.T.)

** Joseph Pitton de Tournefort (1656-1708): botânico francês. Professor de botânica do Jardim Botânico de Paris, estudou a morfologia e a classificação das plantas. (N.T.)

Pedro Pimenta embarca num navio da Companhia Francesa das Índias com destino ao Oriente. Tem vinte e cinco anos e já possui um belo herbário, bem como numerosos documentos coletados durante suas viagens precedentes. Mas a França está em conflito com a Inglaterra: é a guerra de Sucessão da Áustria. O navio é atacado por uma embarcação britânica, o combate é feroz e, no tombadilho, o jovem francês atua junto às cabeceiras dos feridos. Súbito, um choque na mão, seguido de uma dor aguda. Olha. Sua mão não está mais ali: resta um coto de onde corre um rio de sangue.

Perde a consciência e volta a si a bordo de um barco inimigo, onde um cirurgião-barbeiro trata de costurá-lo. Pedro Pimenta se recupera. Para ele, esse incidente põe um fim definitivo à sua carreira religiosa: "Nunca mais poderei dar a bênção..." (A menos que tenha dito: "Nunca mais poderei pintar..."; as duas versões têm crédito!) Encerrada, em todo caso, sua paixão pela pintura, e encerrada sua vocação. Na verdade, tendo suportado a dor durante uma noite inteira sem receber cuidados, é seu braço inteiro que é amputado para evitar a gangrena.

Desembarcado em Batávia pelos ingleses, que não queriam problemas com aquele maneta, recebe tratamento, recupera rapidamente suas forças e põe-se a observar a atividade florescente dos senhores da noz-moscada e do cravo-da-índia. Vê ali exibidos gêneros tão preciosos quanto o ouro, já que o valor das especiarias é então inestimável na Europa.

A pimenta e a canela crescem agora um pouco por toda a parte, seu preço nos mercados europeus baixou, mas a noz-moscada e o cravo só são encontrados, dizem, nas Molucas. O monopólio sobre essas duas especiarias permaneceu intocado. Sabe aliás que os ladrões de especiarias são punidos com a morte.

Quatro meses mais tarde, dirige-se a Pondichéry, na costa indiana do Coromandel, a grande base francesa, onde tenta comerciar por conta própria. Mas esta tampouco é sua vocação, e embarca novamente para a França.

Na escala na ilha da França – atual ilha Maurício –, projeta com o célebre governador da época, Mahé la Bourdonnais, fazer daquela terra uma ilha das especiarias. Instam o rapaz para expor seu plano à Companhia das Índias Orientais, em Paris. Pimenta embarca novamente sem suspeitar dos episódios rocambolescos que vão enxamear seu percurso de volta. Ao largo de Angola, uma tempestade destrói o navio. Consegue pegar um barco holandês; este cai nas mãos de um corsário de Saint-Malo, que por sua vez é logo tomado pelos ingleses!... Ei-lo novamente prisioneiro do inimigo e mantido cativo na ilha de Guersenay. Finalmente, em 1748, está de volta à França – e, no entanto, tem apenas vinte e nove anos.

No ano seguinte, Pimenta, munido de autorização oficial, retorna aos mares. Tem como missão criar um escritório na Cochinchina. Porém, em Pondichéry, é obrigado a sofrer humilhantes repreensões por parte do governador Dupleix, que mostra a seu respeito grande má vontade. É verdade que o sobrinho do governador, o irlandês Friel, também arquitetara um plano para se apossar das especiarias holandesas. Pimenta finalmente chega à Cochinchina, de onde traz caneleiros, pimenteiros e outras espécies tropicais. Depois volta à ilha da França, onde se apressa a depositar escrupulosamente nas lojas da Companhia os presentes que recebeu na Cochinchina. Recusa qualquer indenização pelas perdas que sofreu durante a viagem e, numa carta ao diretor, escreve: "Restituí tal objeto às minhas custas porque fui roubado por culpa própria e não é justo que arquem com a perda."

Embarca em seguida para Manila, onde, seguindo informações secretas, pressente a presença de craveiros e moscadeiros. De Manila alcança Pondichéry, onde, apesar de veementes súplicas, Dupleix lhe nega taxativamente o navio com o qual efetuaria nas Molucas um carregamento importante. Pimenta é obrigado a voltar à ilha da França em 1753 com apenas cinco mudas enraizadas de moscadeiras, algumas sementes de noz-moscada em ponto de germinar e alguns craveiros, que entrega ao botânico Fusée-Aublet, diretor do jardim de aclimatação. Como conseguiu se apropriar dessas preciosas essências? Provavelmente subornou algum capitão... De fato, existira entre as Filipinas e as Molucas um comércio clandestino de cravo e de noz-moscada. Pimenta se vestiu como os nativos para escapar à vigilância, e, para enganar a aduana, costurou suas nozes-moscadas no forro de seu casaco.

Uma nova expedição é então financiada para rumar diretamente, desta feita, para as Molucas. Em 1º de maio de 1754, a *Colombe* aparelha. A viagem se desenrola em condições dramáticas: ataques de piratas, doenças da tripulação, contestações acerca do itinerário e da destinação, progressão em meio a ilhas devastadas pela guerra, má qualidade do barco que "remonta mal o vento...". Para culminar, as Molucas não permitem a aproximação e a *Colombe* é obrigada a navegar para o sul, na direção do Timor. Ali, Pimenta arranja moscadeiras junto ao potentado local. Feliz com a conquista, retorna à ilha da França, onde uma terrível decepção o aguarda: fica sabendo que suas primeiras mudas morreram misteriosamente.

Dessa viagem Pimenta trouxe três mil sementes de noz-moscada e diversas mudas de especiarias e de frutas de diferentes espécies. As nozes trazidas do Timor são então novamente entregues a Fusée-Aublet. Um pouco mais tarde, este anuncia que as mudas morreram, como as primeiras, e que aliás não se trata de noz-moscada, mas de noz-de-areca. Uma investigação séria é então realizada e o desastre é imputado ao botânico que pura e simplesmente sabotou as culturas, tratando as nozes com água fervente e ácido.

Quem armou o braço vingador de Fusée-Aublet? Não saberíamos dizer. Será preciso ver nisso uma recaída da forte inimizade que opunha Dupleix a La Bourdonnais, governador da ilha da França? Ou mais simplesmente o efeito de uma feroz inveja? Este ponto nunca foi esclarecido. Furioso e decepcionado, Pimenta decide voltar à França.

Em 1758, com apenas quarenta anos, instala-se perto de Lion, na propriedade da Freta, no território de Saint-Romain-au-Mont-d'Or. Lion o homenageia. É eleito membro da Academia de Ciências, Letras e Artes da cidade. Cinco anos antes, já fora nomeado correspondente da Academia de Ciências junto a Antoine de Jussieu, o célebre botânico. Pimenta é agora uma celebridade no domínio das ciências naturais. Luís XV o nobilita e lhe concede uma gratificação de vinte mil libras, que vai lhe permitir viver quase como um eremita durante dez anos na Freta.

Nesse ínterim, a Companhia das Índias abriu falência e cedeu suas colônias ao rei da França. A ocasião é perfeita: o ministro Choiseul* envia um emissário em 1766 junto a Pedro Pimenta a fim de convencê-lo a aceitar o posto de intendente das ilhas da França e de Bourbon. Pimenta hesita. É que, nesse intervalo, conheceu Françoise Robin, moça bonita pela qual está perdidamente apaixonado. Provavelmente lhe é grato por ter ignorado sua enfermidade e percebido as qualidades do seu coração... Decidem finalmente tentar juntos a grande aventura, e, em 8 de março de 1767, o casal embarca para a ilha da França, da qual Madame Pimenta será a primeira-dama, uma vez que o novo governador, Dumas, é celibatário.

Jardim francês, século XVIII

Ali, o casal encontra um certo Bernardin de Saint-Pierre, que se apaixona loucamente por sua esposa e lhe envia grande quantidade de bilhetes inflamados. De comum acordo, Pimenta e Dumas o despacha-

* Étienne François Choiseul I (1719-1785): ministro francês da Guerra e da Marinha, foi primeiro-ministro de fato de Luís XV, tendo reorganizado a França depois da guerra dos Sete Anos. (N.T.)

Toranja

rão para acalmar sua febre na mãe pátria... Bernardin se vingará, em sua *Viagem à ilha da França*, silenciando a respeito da existência de Pimenta, assim como do famoso Jardim das Toranjas* que este último criou na ilha Maurício, e que é atualmente uma das pérolas do arquipélago das Mascarenhas. O escritor se consolará também nos deixando a emocionante história de *Paul et Virginie*, que se inscreve na longa série dos amores contrariados que sempre alimentaram a literatura universal. Esse romance conhecerá um sucesso extraordinário, a França inteira chorando Virginie perdida num naufrágio ao largo da ilha Maurício. Mas Jacques-Henri Bernardin de Saint-Pierre é também um grande apaixonado pela natureza, como aliás a Providência, que zela por sua fecundidade. Deixou-nos também algumas "pérolas", uma das quais varou os séculos: "Há muitos frutos talhados para a boca do homem, como as cerejas e as ameixas; outros para sua mão, como as pêras e as maçãs; outros, muito maiores, como os melões, podem ser divididos por gomos e parecem destinados a ser comidos em família..."

Assim que volta à ilha da França, Pimenta despacha as corvetas *Vigilant* e *Étoile du Matin* para as Molucas. Desta vez, não toma parte na viagem: não é mais coisa para sua idade. A expedição é confiada ao capitão Provost-d'Etcheverry. Vê-se então que o monopólio holandês não é tão impenetrável quanto se pensava, sobretudo quando se dispõe de sólidas embarcações, quando se sabe habilmente fazer

* Em francês: Jardin des Pamplemousses. (N.T.)

aliança com os nativos, e quando se possui algumas amizades sólidas travadas durante viagens anteriores. É na ilha de Patani, nas Molucas, que o potentado local, desejoso de abalar o jugo holandês, fornece ao enviado de Pimenta um carregamento completo de moscadeiras e craveiros-da-índia.

Dois anos mais tarde, em junho de 1772, o monopólio holandês é novamente atacado e quebrado quando o *Nécessaire* e o *Île de France* entram na baía de Port-Louis, em Maurício, trazendo a bordo milhares de sementes de noz-moscada. Desta vez, Fusée-Aublet não está mais presente: agradeceram-lhe polidamente e voltou à França. Porém, prudente, Pimenta decide dividir as culturas entre a ilha Bourbon (ilha da Reunião), as Seychelles e Maurício. Envia também sementes e mudas para a Guiana Francesa, onde se aclimatarão perfeitamente. Em 7 de dezembro de 1778, uma brilhante recepção na ilha Maurício acompanhará a colheita da primeira noz-moscada francesa, que será oferecida ao governador da época de partida para a França e depois, por este, ao rei Luís XVI.

Durante sua temporada na ilha Maurício, Pedro Pimenta cria o soberbo Jardim das Toranjas nas terras do domínio de Mon Plaisir, onde se instalara. Planta ali diversas espécies raras importadas de todos os continentes e cultivadas com amor por seus cuidados. Esse jardim é hoje um dos mais belos do mundo – o terceiro no *hit-parade,* dizem seus guardiões aos visitantes. Pimenta havia comprado Mon Plaisir da Companhia das Índias e ali se instalara com a mulher desde sua chegada à ilha. Quando em 1772 deixa a ilha, o jardim se tornara um dos mais famosos "jardins de aclimatação" do mundo. O rei quer comprá-lo e Pimenta, escrupulosamente honesto, revende a propriedade que tão admiravelmente embelezou pelo montante exato que pagara à Companhia das Índias, ou seja, trinta e oito mil e quatrocentas libras. Depois de sua partida, a manutenção do Jardim das Toranjas é entregue a um jovem aluno *créole* em quem deposita toda confiança.

Depois de cinco anos de intendência, Pimenta volta à França e se reinstala na Freta com Françoise Robin, sua esposa, e suas duas filhas nascidas em Maurício. Morre em Lyon, quatorze anos depois de sua volta à França, em 1786, com sessenta e seis anos de idade.

Sua vida nos é contada por sua viúva, jovem ainda, mas logo atingida por uma nova provação: a morte de sua filha mais velha. O que não a impede de prosseguir com energia o trabalho de registro. Encontra um biógrafo na pessoa de Pierre-Samuel Dupont, amigo dos Pimenta, conselheiro de Estado e companheiro de La Fayette durante a guerra de Independência norte-americana. Dupont organiza o conjunto dos testemunhos relativos à vida de Pedro Pimenta e acaba se apaixonando por Françoise, então com quarenta e sete anos. Casam-se.

Mas uma outra aventura desponta no horizonte: a Revolução Francesa e o Terror obrigam o casal a se refugiar na América. Nessa época Dupont já era nobre e tornara-se Dupont de Nemours. Economista, Pierre-Samuel inspirara as principais reformas financeiras do final do Antigo Regime. O filho que Françoise lhe dera, Irénée du Pont de Nemours, químico e colaborador de Lavoisier, fundará nos Estados Unidos uma fábrica de pólvora, ponto de partida do desenvolvimento da firma mundial Dupont de Nemours...

Na linhagem dos Pimenta aparece também a personalidade de Patrick Poivre d'Arvor,* figura emblemática da televisão francesa, cuja árvore genealógica remonta a Tiago Pimenta, irmão de Pedro. E é novamente na ilha Maurício que Patrick vê eclodir sua vocação de jornalista... Explica isso no prefácio que redigiu para a obra de Denis Piat, *Na rota das especiarias, a ilha Maurício*: "Nas primeiras horas dos anos 1970, senti minhas pernas formigarem. Parando tudo, coloquei meus estudos entre parênteses e me inscrevi num concurso organizado pela rádio France Inter. Tratava-se de escolher um local de destino, ali permanecer quinze dias e voltar com uma reportagem a ser difundida diariamente, durante uma hora, ao longo de uma semana inteira. A competição foi disputada. Tive a sorte de ser selecionado e partir para a ilha de minha escolha: a ilha Maurício. A sorte me acompanhou até o final: terminada a difusão dessa reportagem, um júri me proclamou vencedor, o que me permitiu ingressar nesse ofício que até então nunca praticara."

Essa bela homenagem à ilha Maurício era bem merecida. Escala das embarcações árabes, depois das naus portuguesas, anexada pelos holandeses que acabaram por abandoná-la aterrados pela violência dos ciclones, a ilha é reconquistada pelos franceses que ali se instalam em 1715. Retomada pelos ingleses em 1810, conserva suas tradições e permanece

* Em português: Patrício Pimenta d'Arvor. (N.T.)

a única ilha francófona do ex-império britânico. Atualmente independente, garante o convívio de homens e mulheres pertencentes às mais diversas culturas e religiões, dando mostras com isso da possibilidade de uma rica aliança entre comunidades diferentes.

Quatro anos depois do retorno de Pedro Pimenta à França, em fevereiro de 1779, ou seja, em pleno verão austral, foram colhidos nada menos que 160.000 cravos-da-índia em 20 árvores; em 1786, o Jardim das Toranjas distribuíra 10.146 craveiros pelas possessões francesas de ultramar. O monopólio holandês estava totalmente quebrado e a cultura das especiarias iria se propagar em todas as zonas tropicais do mundo.

A partir de 1825, os ingleses entram na briga e tentam com sucesso a cultura do craveiro e da moscadeira na península de Malaca. Depois Singapura destrona Malaca e se torna o entreposto do arquipélago, bem como Penang, onde se acumulam pimentas e noz-moscada. É nessa mesma época que a cultura do craveiro-da-índia é introduzida na ilha de Zanzibar, na costa sudeste da África. Trinta anos mais tarde, Zanzibar se torna, depois de Penang e Amboina, o terceiro produtor mundial de cravos-da-índia.

Também em 1825, os holandeses tentam entrar no mercado da canela ao introduzi-la desde o Ceilão até Java a fim de competir com ingleses no seu próprio terreno. Mas os caneleiros cultivados na Indonésia, na Guiana, na China, nas Índias e na Indochina se revelaram de qualidade inferior aos do Ceilão.

Entretanto, no século XIX, as especiarias perdem um pouco de seu prestígio. O açúcar, o chá, o cacau e o café ocupam agora o primeiro lugar. Preferências nacionais se afirmam: a cozinha francesa recorre mais freqüentemente à noz-moscada, a inglesa ao macis, a espanhola ao açafrão...

Chega a "modernidade" e, com ela, o gosto pelo exotismo, o turismo de massa, a democratização das viagens, a proliferação dos restaurantes chineses, indianos, japoneses, marroquinos, antilhanos etc. Com isso, as especiarias voltam à ordem do dia.

Em seu *Livro das especiarias*, Alain Stella[1] cita diversos *chefs* contemporâneos (Alain Ducasse, Alain Senderens ou Olivier Rollinger) que criam uma cozinha sublime na qual produtos do campo e tradições ancestrais são realçados por sabores longínquos:

> O já legendário lagostim à base de especiarias que Olivier Rollinger serve em Cancale, na baía do Monte Saint-Michel, simboliza maravilhosamente a revanche das espécies da Idade Média. Harmoniosamente casadas com o ar marinho, o iodo e a maresia da Bretanha, as especiarias da Índia ou de Granada acariciam aqui a carne do crustáceo como um vento perfumado ou uma corrente tropical. Suas papilas degustam os diferentes sabores do planeta que, como se unem sem se confundir, lhe proporcionam uma espécie de utopia.

Parisienses mais velhos decerto se lembram do célebre pequeno sachê de servir pimenta, num cartão triangular, da saudosa Maison Aussage... Como antigamente, as especiarias voltaram à moda em todos os lugares, embora consumidas de maneira mais criteriosa e com mais moderação a fim de não alterar, em cada alimento, o aroma e o sabor, que elas devem realçar sem destruir.

1. Alain Stella, *Le Livre des épices*, Flammarion, 1998.

Jardim Botânico do Rio de Janeiro: um jardim de aclimatação no Brasil

Com o nome de Jardim de Aclimação, foi fundado em 13 de junho de 1808 pelo então príncipe regente e futuro d. João VI, tendo o objetivo de aclimatar no país a cultura de especiarias e plantas exóticas das Índias Orientais.

As primeiras plantas trazidas foram: 4 moscadeiras, 4 abacateiros, 2 pés de litchi, 3 caneleiros e 10 toranjeiras, bem como sementes de acácia, sagu, fruta-pão, cajás e da areca *Oreodoxa oleracea,* conhecida depois no país como palmeira-real, por ter sido plantada por d. João em 1809. Foram trazidas para o Brasil por Luiz de Abreu Vieira e Silva, chefe de uma fragata que naufragou na costa de Goa em 1808. Os sobreviventes do naufrágio seriam levados para o Cabo da Boa Esperança, de onde embarcariam de volta ao Brasil, mas nessa viagem foram feitos prisioneiros dos franceses e mandados para a ilha da França. Lá, em um jardim de aclimatação, criado por Pedro Pimenta, grande número de exemplares de especiarias havia sido introduzido por volta de 1770. Luiz de Abreu negociou sua fuga com o governo local e, quando em liberdade, saltando os muros daquele jardim, apoderou-se de várias mudas e sementes de especiarias. Chegando ao Rio de Janeiro, ofereceu-as a d. João.

Em outubro de 1808, logo após sua fundação, o jardim recebeu a denominação de Real Horto e, ao longo de sua existência, os nomes de Real Jardim Botânico, Jardim Botânico do Rio de Janeiro e, atualmente, Instituto de Pesquisas Jardim Botânico do Rio de Janeiro (JBRJ).

Em razão de sua importância cultural e histórica, no ano de 1938 foi tombado pelo Instituto de Patrimônio Histórico e Artístico Nacional (Iphan), e está situado em um espaço considerado como Reserva da Biosfera pela Unesco.

A instituição realiza pesquisas científicas, com o objetivo de conhecer e proteger a biodiversidade. Abriga inúmeras coleções científicas e cerca de 8.200 exemplares vivos da flora brasileira – inclusive muitos ameaçados de extinção e conservados sob cultivo –, além de variadas espécies das mais diferentes regiões, ali aclimatadas.

O Jardim Botânico do Rio de Janeiro, considerado um dos dez mais importantes do mundo, mantém intercâmbio constante com outros jardins botânicos de grande expressão. Possui um herbário, uma carpoteca, um laminário, uma xiloteca, uma biblioteca com extenso acervo – inclusive de obras raras – e um museu botânico. No arboreto e no parque encontram-se as coleções vivas, incluindo um jardim de plantas medicinais, sítios arqueológicos, chafarizes, obras de arte e estufas. É aberto ao público em geral e a estudiosos e pesquisadores de botânica.

G.P.D.E.

Fontes:

João Barbosa Rodrigues, *O Jardim Botânico do Rio de Janeiro. Uma lembrança do 1° centenário (1808-1908)*. Fac-símile publicado em 1998, por ocasião da comemoração do 190° aniversário. (Imagens aqui reproduzidas: Vista antiga do Jardim Botânico; Entrada do Jardim Botânico.)

Site: www.jbrj.gov.br/historic

As Especiarias exóticas

As Especiarias nativas

As Ervas condimentares

Curry & cia.

5

As Especiarias Exóticas

A todo senhor, todas as honras: a pimenta-do-reino

Em seu *Dicionário das especiarias*, publicado em 1858, A. Bauche assinala que o nome pimenteira "é uma homenagem ao senhor Pimenta". Ora, Bauche se engana: Pedro Pimenta nasceu em 1719, enquanto na Idade Média a expressão "caro como pimenta" já passara para a linguagem popular. Na realidade, "pimenta" vem do latim *piper*, que designava essa especiaria conhecida há muito tempo e cujo uso se espalhou depois da campanha empreendida por Alexandre, o Grande, até a Índia, seu país de origem. Em sua *História natural*, Plínio já se espanta com o sucesso da pimenta-do-reino na Roma antiga: "Quem então foi o primeiro a ousar experimentá-la em seus alimentos, ou quem, para saciar seu apetite, não se contentou com uma dieta?" Teodósio II, imperador de Bizâncio de 408 a 450 está entre estes: para apaziguar o terrível Átila, enviou-lhe um abundante carregamento de pimenta.

Henri Leclerc conta uma história mirabolante que dois boticários de Poitier, os Contant Pai & Filho, nos deixaram: "Os indianos sobem nas pimenteiras, colhem com as mãos as sementes da pimenta e as juntam em montes em áreas preparadas sob as árvores; deixam-nas ali como coisas de pouco valor. Ora, nesse lugar existem vários macacos que ficam espreitando em seus esconderijos, observando a vindima da pimenta. Ao cair da noite os indianos se retiram e os macacos, saindo de seus abrigos, fazendo caretas e querendo imitar o costume dos indianos, sobem nas árvores que não foram vindimadas, colhem as sementes de pimenta dos galhos e depois as juntam em diversos montes. No dia seguinte, os indianos voltam e levam os montes de pimenta e, junto com eles, o trabalho dos macacos, que acham todo pronto, só faltando recolher..." Estamos então em 1628: como a Índia ainda está distante de nós!

Como vimos, era prática corrente, sob o Antigo Regime, oferecer aos magistrados uma remuneração, a princípio facultativa porém cada vez mais freqüentemente obrigatória, sob forma de pimenta. Esse famoso pagamento em especiarias, que mais tarde se tornaria "em espécie", fez a festa dos autores dramáticos. Por exemplo Racine, ao criticar o costume de oferecer pimenta à guisa de propina aos magistrados a ponto de conferir a alguns o título de "grandes especieiros". Em *Os litigantes*, coloca na boca do simplório personagem Petitjean: "Ele me pedia especiarias sem parar e eu simplesmente corri aos escritórios para buscar a caixa de pimenta..."

Como antes fora o caso de muitas plantas destinadas à alimentação ou à medicina, era freqüente que fossem "batizadas" graças a alguma substância falsificadora e barata. Plínio já assinala que às vezes a pimenta era "sofisticada" com bagas de zimbro ou sementes de mostarda. Mais tarde, esses procedimentos se tornaram moeda corrente, e os decretos editados em 1735, 1745 e 1752 os reprimiram. Nada de "sobrecarregar" e "besuntar" a pimenta, nada de efetuar "nenhuma micção ou mistura" nela sob pena de mil libras de multa pela primeira contravenção e fechamento do negócio em caso de reincidência. Nada portanto de abastardar aquela especiaria nobre com ingredientes tão estranhos e plebeus como pó de caroços de azeitonas ou cascas de nozes moídas. Era da pimenta boa e genuína que exigiam os arcebispos de Aix-en-Provence sob a forma de taxas cobradas dos judeus da cidade em troca do direito para abrirem escolas e cemitérios.

Lineu deu o nome de *Piper nigrum* à liana tropical que fornece a pimenta-do-reino. Como se trata de uma planta trepadeira, sua cultura necessita de um suporte que pode ser uma simples estaca ou o tronco de uma árvore viva: palmeira, mangueira ou acácia. Sem apoio, a pimenteira rastejaria pelo solo e se enraizaria a cada nó de seu caule. É precisamente no nível desses nós que se formam as raízes adventícias que a fixam em seu suporte. As folhas em forma de ás de espadas são muito verdes e apresentam uma rede de nervuras características: da nervura central destacam-se, exatamente na base, duas nervuras laterais arqueadas que confluem na ponta superior do limbo, desenhando assim uma grande superfície oval no interior da qual, um pouco mais acima da nervura central, duas novas nervuras se

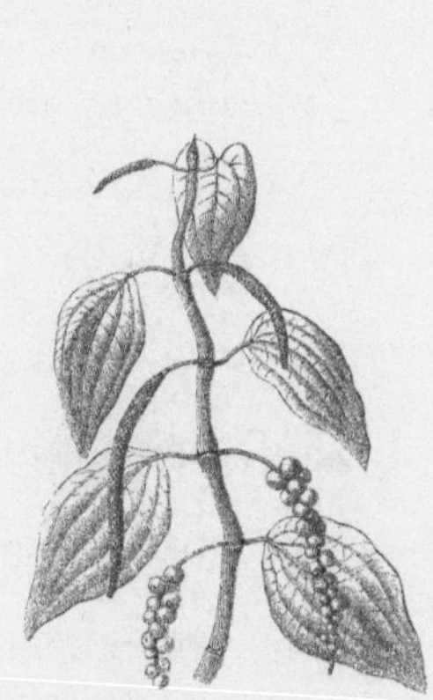

Pimenta-do-reino

salientam, mas não exatamente da mesma ponta. Depois, no segundo oval assim formado, desenha-se um terceiro, pois um terceiro par de nervuras novamente se salienta, bem afastadas uma em relação à outra. Todas essas nervuras convergem para a ponta extrema do limbo da folha, que é, por esse motivo, perfeitamente identificável.

As flores, insignificantes, são dispostas em espigas alongadas e produzem pequenas bagas globulosas e carnudas, vermelhas quando maduras e contendo apenas uma única semente. Os frutos se vêem assim agrupados em espigas pendentes em número de trinta a quarenta.

Por muito tempo se acreditou que a pimenta-preta e a pimenta-branca eram fornecidas por duas espécies diferentes. Na verdade, a pimenta-preta não é outra senão o fruto inteiro colhido antes da maturação completa e posto para secar. As bagas assumem então o aspecto estriado que conhecemos. A pimenta-branca, ao contrário, é obtida de frutos perfeitamente maduros que, ao serem mergulhados na água quente, perdem suas paredes externas. A pimenta-verde, atualmente bastante na moda, provém de bagas colhidas antes de maduras e conservadas supercongeladas em salmoura ou vinagre; essa voga data apenas dos anos 1960, uma iniciativa do cozinheiro-chefe do Tour d'Argent, em Paris, que trouxe alguns cachos de uma viagem a São Domingos e a utilizou para rechear um *caneton* (pato jovem).

Baga de pimenta-do-reino

Um bom gastrônomo só moerá a pimenta o mais tardiamente possível e, melhor ainda, no momento de sua utilização. Pois se seu perfume e sabor se conservam indefinidamente no estado de grão, alteram-se rapidamente no estado de pó. Daí a utilidade do moedor de pimenta colocado na mesa familiar. No momento da moagem, as melhores pimentas exalam um discreto aroma de frutas frescas: framboesa, abacaxi, figo. Mais esperto ainda aquele que souber misturar os diferentes tipos de pimenta – a branca, a preta e a verde – para produzir sabores sutis e nuançados. Mas assim entramos na "grande" culinária.

Pimenta-do-reino

A cultura da pimenta é praticada desde os tempos mais remotos na costa do Malabar, vertente oeste da península Índica. Atualmente estende-se a diversos países tropicais. Sua multiplicação é obtida por transplante de mudas e a liana exige bastante umidade e calor, o que limita sua presença a baixas altitudes, onde as precipitações ultrapassam dois mil milímetros por ano.

A pimenteira vive e produz durante cerca de vinte anos, cada pé fornecendo cinco a seis quilogramas de frutos por ano. Foi a partir do século XVII que a cultura se desenvolveu de forma sistemática, com as safras por colheita revelando-se insuficientes para satisfazer a demanda.

A pimenta-preta deve seu sabor ardente à presença de derivados de piperidina, em particular a piperina, presente na proporção de 5 a 8% na baga. A pimenta-branca contém um pouco menos dela; seu sabor é menos ardente, mas mais perfumado. Pois a pimenta contém também um óleo essencial ligeiramente odorífero, presente sobretudo na semente. A pimenta-branca, cujas paredes da baga foram eliminadas é, portanto, mais rica nesse aspecto.

Como todas as especiarias, em particular as especiarias fortes, a pimenta-do-reino estimula as secreções digestivas e o sistema nervoso. Bactericida e inseticida, irrita e avermelha a pele e as mucosas. É geralmente utilizada para temperar ou conservar alimentos, mas seus usos terapêuticos subsistem praticamente apenas nas lembranças e poções mágicas de outrora.

Depois de um enorme sucesso ao longo de séculos, a pimenta – aliás, como todas as especiarias – sofreu um certo descrédito entre meados do século XIX e o início do século XX. Em matéria alimentar, a moda passa a ser a austeridade. Como escreve Henri Leclerc em sua obra dedicada às especiarias: "Seria paradoxal reivindicar para a pimenta o lugar de acessório indispensável à dietética: como no caso de muitas especiarias, tudo o que se pode fazer a seu favor é atenuar as críticas dirigidas pelos higienistas à sua nocividade. Também será apenas em nome da gula que se poderá fazer essa defesa. O homem que se conforma às saudáveis leis da temperança, que come para viver em vez de viver para comer, sempre desdenhará artifícios cujo objetivo é metamorfosear em deleite o que não passa da estrita satisfação de uma necessidade natural. Isso seria todavia de um purismo exagerado, querer arregimentar sob uma mesma disciplina a humanidade inteira. Por mais partidários que sejamos da frugalidade, mostremo-nos indulgentes para com o nosso próximo quando este sucumbe a esse pecado venial que é a gula, e saibamos refrear os impulsos de dom-quixotismo que nos levariam a apontar lanças contra os moinhos de onde cai a chuva fina e fragrante da pimenta. Do mesmo modo, seu abuso deve ser absolutamente condenado."

Nessa perspectiva espartana, um antigo preceito aconselhava, no preparo de uma salada, a confiar o sal a um indivíduo sensato, o azeite a um pródigo, o vinagre e a pimenta a um avaro. Pois a pimenta custava caro e, ainda que por espírito de sacrifício, era sábio privar-se dela. Nem por isso deixou a mesa da família, onde, casada ao branco conteúdo do saleiro, evoca a idade madura dos cabelos grisalhos, daí a expressão francesa *poivre et sel* (pimenta e sal).

Atualmente os tempos mudaram e o estoicismo não está mais na moda; não se reconhece mais no sofrimento um valor redentor a ponto de buscá-lo por si mesmo e dele desfrutar. Se São Francisco de Assis "especiava" seus alimentos neles jogando cinza para evitar cair na gula, o prazer hoje em dia reivindica seus direitos. Satisfazer suas vontades é a palavra soberana do consumismo, e, nessa perspectiva, as especiarias só podem se beneficiar de uma absolvição plena e de uma reabilitação total... apenas na alimentação, é verdade.

Os cirurgiões-dentistas hoje em dia evitariam preconizar, para aliviar a dor de dente e a "aflição rara" que provoca, a aplicação de três grãos de sal e pimenta no molar doente. Era também a medicação receitada ao papa Clemente V, que sofria dessas dores, por seu "alquimista-astrólogo e médico catalão" no século XIII.

O mundo vegetal alinha não menos de cerca de mil espécies de pimenteiras diferentes espalhadas pelo mundo inteiro. Na pimenta-longa (*Piper longum*), espontânea na Ásia tropical, as bagas, bastante cerradas umas contra as outras, agrupam-se em espigas cilíndricas compactas. A espiga é utilizada assim, sem que os grãos sejam separa-

Pimenta-de-cubeba

dos. Essas espigas têm sabor tão picante quanto a própria pimenta, mas um gosto secundário levemente acidulado e açucarado que as personaliza. São recomendadas para aromatizar a carne de caça, além de perfumarem muito bem um vinagrete ou um molho de carne. Os romanos já a tinham em alta conta.

A pimenta-de-cubeba (*Piper cubeba*) comporta frutos do tamanho dos da pimenta-preta, porém com um pedúnculo muito curto: daí também ser conhecida como pimenta-de-rabo.

A essas espécies se acrescentam ainda algumas outras pimenteiras, bem como uma boa coleção de plantas de sabor apimentado, de certo modo substitutas da pimenta-preta, que entram no repertório das especiarias de uso local no seu país nativo. A história recente das especiarias é assim enriquecida pela pimenta de Cichuan, ou "fagara". Trata-se na realidade do grão seco de *Xantoxylum piperitum*. De cor rosada, exala um perfume ao mesmo tempo floral, cítreo e mentolado. Tempero muito utilizado nessa província da China, surgiu recentemente na gastronomia requintada, particularmente a chinesa.*

Pimenta de Cichuan

* Há também a pimenta-rosa, fruto da aroeira (*Schinus molle*), árvore cujos frutos têm odor de pimenta e sabor suave, adocicado. Conhecida ainda como pimenta-da-américa, aroeira-do-amazonas e pimenteira-bastarda. (N.T.)

Peguemos, para nos ater à pimenta-do-reino nesse caso, esse ditirambo que lhe dirige Pierre Delaveau:

> Por que esse sucesso incomparável da pimenta? Mais que qualquer outra especiaria, possui ao mesmo tempo um perfume delicado e um sabor quente que se harmonizam um ao outro. Começa por afagar ligeiramente as narinas, depois traz uma presença quente, redonda, insistente, que se concilia com os sabores almiscarados do porco, confere vigor à carne de boi, realça os ovos, exalta a delicadeza dos peixes. Quando a faca corta o salame ou a mortadela, é um prazer ver o pequeno olho zombeteiro do grão de pimenta-preta, ele próprio partido, acenando para o gourmet, que se apressa em mastigar com aplicação a especiaria embutida na carne concentrada. A pimenta alegra as saladas, dá sabor ao caldo de legumes e aos molhos mais diversos. Discreta mas presente em várias fórmulas de licores e vinhos a aperitivos, confere-lhes seriedade – daí a expressão *poivrot* [embriagado] para quem faz dela um uso exagerado...

Canela, a rainha das cascas

"Minha bem-amada, minha irmã, jardim secreto e fonte lacrada, teus rebentos são como um bosque de romãs repletos de essências raras, o nardo e o açafrão, o cálamo, a árvore-do-incenso, a mirra e o aloé, o cinamomo, os mais delicados arômatas..."[1] Assim o Cântico dos Cânticos, esse grande canto de amor da Bíblia, evoca a canela, ou o cinamomo,

1. Cânt., 4, 12-14.

designação derivada de seu nome grego *Kinnamom* e de seu nome científico *Cinnamomum zeylanicum*. Trata-se da canela-do-ceilão.

Mas o cinamomo, que a Bíblia cita não menos de quatro vezes, não é apanágio das bem-amadas apaixonadamente enamoradas. As cortesãs também fazem bom uso dele. Assim, numa cena bastante crua do Livro dos Provérbios, vemos um rapaz "ingênuo e desprovido de bom senso" ser aliciado por uma mulher "vestida como uma prostituta, a dissimulação no coração, frenética, excitada ... Ela o abraça, beija e lhe diz com ar malicioso: 'Aspergi meu leito com mirra, aloé e cinamomo... Vem! Embriaguemo-nos com carícias até a manhã, esgotemos as delícias do amor. Meu marido não está em casa; partiu para uma longa viagem, levando a bolsa carregada. Não voltará antes da lua cheia.' À força de sedução, ela o convence..."[2]

Na extremidade oposta, o cinamomo pode também simbolizar a doce magnificência da Sabedoria presente junto a Deus desde a criação do mundo: "Vapor de incenso no lar, espalhei, disse ela, perfumes como o cinamomo e o acanto..."[3]

Heródoto, que escreve a história de seu tempo cinco séculos antes de Jesus Cristo, provavelmente não verificou todas as "histórias" que nos conta. Assim, segundo ele, grandes pássaros vão buscar os bastões de cinamomo e os carregam até seus ninhos. Como estes ninhos são

2. Prov., 7, 10-13 e 16-20.
3. Sir., 24, 15.

inacessíveis, empoleirados no alto das montanhas escarpadas, os árabes desenvolveram o seguinte artifício: colocam carne ao alcance dos pássaros que, abocanhando tais presas, as carregam para seus ninhos; o ninho se torna tão pesado que cai no solo; só resta colher o cinamomo... Nenhuma verdade, claro, nessa lenda que no entanto atravessou toda a Antigüidade greco-romana, bem como diversas outras da mesma fonte. Em contrapartida, muito antes dessa época, é em termos "realistas" que a canela é mencionada na China, na corte do imperador Chen Nung, dois mil e setecentos anos antes de nossa era.

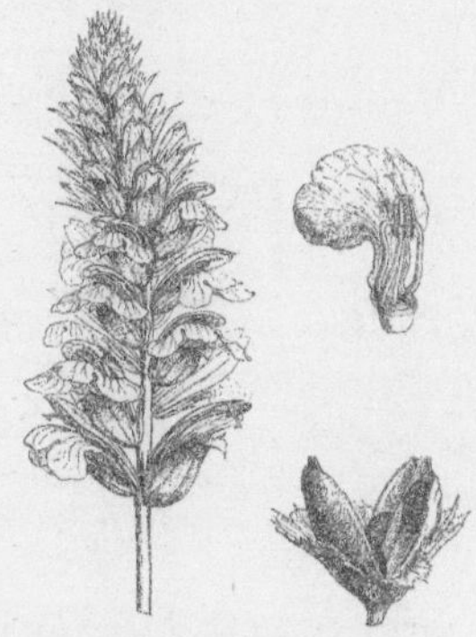

Acanto

Ao longo de toda a Antigüidade, a canela foi, ao lado da pimenta, a mais cara e a mais cobiçada das especiarias. Com a morte de Pompeu, dizem que Nero sacrificou todo o estoque recebido da Arábia durante um ano inteiro num imenso braseiro que espalhava suas fumigações deliciosas. A canela nessa época era reservada aos césares e a alguns patrícios. Conservou seu valor durante a alta Idade Média, onde permaneceu inacessível aos simples mortais. É só no século XIII que começa a se difundir mais amplamente pela Europa, onde seu preço continua tão alto que o gesto de um riquíssimo comerciante – que, para exibir sua magnificência queimou um feixe de canela na presença de Carlos V – permaneceu em todas as memórias.

Proveniente do Ceilão ou da costa de Malabar, na Índia, via oceano Índico, mar Vermelho, rio Nilo e Alexandria, ela penetrava na

França por Marselha. Quando os portugueses se apoderaram do Ceilão em 1505, imediatamente intensificaram sua produção, de modo que a canela desembarcou nos mercados europeus a preços mais razoáveis.

Em 1656, os holandeses se instalaram por sua vez no Ceilão, confiando a produção da canela à Companhia das Índias Orientais. Esta se apressou a destruir todas as plantações da costa de Malabar a fim de fazer da ilha o centro de produção exclusivo, garantindo ao mesmo tempo o monopólio dessa especiaria para a célebre Companhia.

A voga da canela remonta aos cruzados, loucos pelo hipocraz, um vinho tônico à base de canela cantado por Rabelais em seu *Pantagruel*. A França era uma grande consumidora, e dizem que no final da Idade Média dois terços dos pratos e molhos levavam canela. Razão a mais para os holandeses fazerem jogo duro com seu monopólio.

A descoberta da América dá novo impulso a seu consumo. O Novo Mundo – onde nunca se encontrou canela – colabora com três novas especiarias: a pimenta, o cacau e a baunilha. Desde então, os chocolates aromatizados com baunilha, canela e anis fazem furor na Espanha inicialmente, depois no resto da Europa.

Em 1772, Pedro Pimenta introduziu a canela nas Seychelles, onde continua sendo cultivada nas ilhas de Mahé e Silhueta.

O caneleiro-do-ceilão é uma árvore de dez a quinze metros de altura, bastante frondosa. Por intermédio de cultura, seu tamanho é reduzido a dois ou três metros a fim de estimular a brotação de novos ramos e facilitar a colheita. A árvore é facilmente identificável pela forma e pela enervação de suas folhas, de um belo oval, onde a nervura central é desdobrada de ambos os lados por duas nervuras laterais – e apenas duas. As três nervuras partem da extremidade do pecíolo, na base do limbo, e se reencontram no ápice da folha. Essas nervuras são bastante salientes, e a canela é reconhecida com segurança por essa enervação característica. As folhas são além disso "opostas cruzadas", como se diz cientificamente em botânica: o que significa que são sempre opostas duas a duas, inserindo-se no mesmo ponto do caule, cada par fazendo um ângulo de 90º com o par precedente e o seguinte. Essa arquitetura, bastante rara, é também muito característica. As flores, modestas e amareladas, produzem pequenas bagas de um belo violeta-marrom; os pássaros engolem esses frutos e lançam suas sementes em todas as direções. Durante o trânsito intestinal, estas adquirem um poder germinativo maior, de modo que devemos a canela ao dinamismo ecológico dos animais...

Canela

A colheita das cascas é efetuada na estação das chuvas. Cortam-se os ramos novos próximos ao solo, depois é feito o descascamento. Para fazê-lo, incisões circulares entalham a casca até o cerne, depois praticam-se incisões longitudinais, diametralmente opostas, o que permite retirar tiras de casca reunidas em feixes e deixadas para secar durante uma noite. As cascas, então raspadas, perdem suas camadas externas e tomam a aparência lisa que conhecemos. Depois secam novamente ao sol durante dois ou três dias quando então enrolam-se espontaneamente em canudos e revestem-se de uma bela coloração ocre.

Uma vez selecionados esses fragmentos pelo critério de qualidade, diversas tiras são encaixadas umas às outras, obtendo-se assim esses belos bastões de canela que encontramos no comércio. Quanto aos resíduos e cascas quebradas, servirão para a preparação da canela em pó. Tudo indica que seja por analogia com caules ocos da cana que as cascas enroladas em si mesmas ganharam o nome de canela.

A canela deve seu sabor doce, quente e perfumado a uma essência aromática. Sua casca contém de 1 a 2% dela. Essa essência é mais densa que a água, de modo que, depois de destilada, não é recuperada na superfície mas no fundo do recipiente. O aldeído cinâmico, seu ingrediente principal, representa quase três quartos de sua massa; é acompanhado de eugenol, princípio dominante da essência de cravo.

Como na maior parte das especiarias, essa essência é um estimulante do sistema nervoso e um anti-séptico, daí sua utilização em aromaterapia. Além disso, entra na composição do *curry* (ou caril), mistura abundantemente consumida na Índia e que compreende uma bela reunião de outras especiarias: coentro, pimenta-de-caiena, cravo, noz-moscada e gengibre.

Próxima da canela-do-ceilão, a canela-da-china se apresenta em fragmentos mais densos e mais rugosos. Sua essência é mais rica em aldeído cinâmico (80 a 85%), mas não contém eugenol – o que lhe confere uma fragrância e sabor mais acusados porém menos delicados, com o aldeído dominando o aroma dos constituintes minoritários. Trata-se de certa forma de uma mistura mediana, mas que nem por isso deixou de conquistar os Estados Unidos.

Na Europa, durante algum tempo, a canela perdeu parte do prestígio de que gozava no final da Idade Média. Ela perfuma principalmente as sobremesas açucaradas: arroz-doce, compotas, doces de maçãs, mas também os vinhos aromatizados como a sangria ou o vinho quente. Pode compor sutis harmonias com o chá, o café e o chocolate, sem esquecer o famoso pão de mel ou "pão de especiarias", pão de canela ao mel realçado por cravo, noz-moscada e anis. Na Alsácia, continua-se a apreciar as tortas de ameixa ou de maçã aquecidas por uma suave chuva de canela ou ainda o chouriço-preto que ela condimenta com seu estimulante aroma.

A exemplo das demais especiarias, a canela perdeu quase todas as suas aplicações medicinais. Ficamos pasmos diante da enumeração das virtudes das plantas medicinais utilizadas antigamente, em particular das grandes especiarias, erigidas ao patamar de verdadeiras panacéias. Ao se lerem os panegíricos enfáticos daqueles médicos de que Molière fez um tipo, como não pensar na nossa própria atitude perante a doença? Quando uma doença se revela incurável, causando, como a aids e o câncer, amplos e terríveis estragos, o noticiário pulula de descobertas promissoras, de progressos formidáveis, de "revoluções" ao alcance da mão. As terapias gênicas hoje em dia desfrutam desse entusiasmo coletivo, embora os lucros que possamos esperar só apontem para um horizonte tão incerto como distante.

Mas nossos ancestrais faziam o mesmo: no final da Idade Média, João Mesue recomendava o eletuário* de canela para "apressar a digestão, impedir a putrefação da pituíta, propiciar a distribuição de alimentos no corpo". Santa Hildegarda e Alberto Magno a receitavam, segundo Henri Leclerc, "aos doentes que sofrem de gota, de paralisia, de febres terçãs ou quartãs, sendo para a primeira recomendável a decocção em um bom vinho; aqueles que sentem a cabeça tão pesada, tão debilitada que não conseguem respirar pelas narinas, farão bem em absorvê-la de tempos em tempos junto com um pedaço de pão, ou mais simplesmente lambê-la na palma da mão". Eis o que diz Hildegarda, a célebre abadessa de Bingen! Quanto a Alberto Magno, preconiza-a para "depurar o peito, acalmar a tosse, fortificar o estômago e o fígado, serenar as dores da úlcera e apaziguar os tremores das juntas...".

A posteridade reviu exaustivamente essas indicações e hoje considera a canela um tônico-estimulante. A farmácia dos séculos recentes fabricou um vinho cordial à base de canela, e os estudantes se lembram da famosa poção de Todd,** à base de canela e vinho tinto...

Noz-moscada

Entre as moscadeiras, algumas possuem apenas flores masculinas e outras, só femininas: de certa maneira, Senhor e Senhora Noz-Moscada.

* Eletuário: medicamento de uso interno composto de pós finos, xarope, mel ou resinas líquidas. Empregado especialmente como calmante e purgativo. (N.T.)

** Poção de Todd: 75% de água, 24% de álcool e 1% de canela. (N.T.)

Para que as coisas se passem convenientemente, numa polinização feliz e fecunda, o ideal é plantar um macho para cada vinte fêmeas. Trata-se de um regime de intensa poligamia!

Noz-moscada

Desconhecida da Antigüidade greco-latina, a noz-moscada apareceu pela primeira vez em Bizâncio, e depois nas mesas medievais. Em 1191, quando o imperador Henrique VI, dito o Cruel, filho de Frederico Barba-Roxa, entra em Roma para sua coroação, as ruas estão perfumadas com arômatas, e a noz-moscada desta vez se faz bem presente. Luxo insolente, quando se conhece seu tortuoso périplo: a noz vinha das longínquas Molucas por iniciativa dos árabes; então era embarcada e transportada por barcos dessas ilhas até as Índias com transbordo em Malaca; depois, novo embarque com destinação a Ormuz, no golfo Pérsico, ou a Aden; em seguida, transporte terrestre pelo vale do Eufrates, ou marítimo pelo mar Vermelho; e para concluir, viagem em lombo de camelo até as cidades do Leste mediterrâneo. A cada etapa, direitos e taxas eram cobrados por potentados locais, e o preço da especiaria subiu tanto que, no século XII na Inglaterra, uma única libra* valia o preço de três carneiros.

A partir do século XVII, os holandeses se tornam senhores absolutos tanto da noz-moscada como do cravo-da-índia. Não hesitam, como

* Uma libra equivale a aproximadamente meio quilo. (N.T.)

vimos, em destruir seus estoques para manter os preços. Valmont de Bomare, citado por Henri Leclerc, assim descreve o espetáculo ao qual assistiu em Amsterdã em 1760: "Vi, diz ele, perto do Almirantado, um fogo cujo combustível estava estimado em oito milhões em dinheiro de França; iam queimar outro tanto no dia seguinte. Os pés dos espectadores se banhavam no óleo essencial dessas substâncias, mas a ninguém era permitido recolhê-las. Alguns anos antes, e no mesmo lugar, um pobre homem – que, num incêndio parecido, pegou algumas nozes-moscadas que haviam rolado para fora da fogueira – foi preso, sumariamente condenado à forca e executado ali mesmo."

Impossível, portanto, se abastecer com o contrabando. Nada de noz-moscada sem os holandeses, mas é precisamente este o monopólio que Pedro Pimenta consegue quebrar nas condições que vimos. Em seguida, a noz-moscada se instala nos hábitos alimentares e Boileau* coloca as seguintes palavras na boca do anfitrião da refeição ridícula: "Apreciais a noz-moscada? Pois puseram-na em tudo..."

A moscadeira continua sendo cultivada nas Molucas, mas também no Sri Lanka, na Malásia e nas Antilhas (a ilha de Granada produz sozinha quase 40% do consumo mundial). É uma grande árvore de dez a vinte metros de altura com longas folhas ovais, coriáceas e de um verde-escuro, como acontece freqüentemente nas árvores tropicais. O fruto se parece com uma grande ameixa ou um damasco. Maduro, fende-se em dois, deixando aparecer uma semente revestida de um

* Nicolas Boileau (1636-1711): escritor e crítico francês cujas poesias satíricas observam e ridicularizam o pitoresco da vida cotidiana em *Embarras de Paris* e *Repas Ridicule*. (N.T.)

estranho tecido vermelho vivo: o *macis*, ou arilo carnoso, espécie de expansão da semente. Esse macis, quando isolado, é um aparato laciniado formado por uma rede de lacínias estreitas e fragmentadas de coloração coral, absolutamente original e de grande beleza. Ele envolve a semente como uma espécie de rede de cabelo de malhas grandes.

Macis

Nas ilhas Banda, os frutos são colhidos diretamente da árvore com a ajuda de uma longa vara de bambu munida de um pequeno cesto com capacidade para conter uma dezena deles. As sementes são extraídas desses frutos, depois o *macis* é separado e colocado para secar ao sol, quando aos poucos assume uma cor castanho-alaranjado escalando um cheiro intenso e suave. A semente, do mesmo modo, é posta para secar sobre uma treliça durante alguns dias. É quebrada com um socador para liberar as amêndoas: as nozes-moscadas. Estas passam então por um banho de cal, prática conservada dos holandeses, que assim destruíam seu poder germinativo colocando-as ao mesmo tempo ao abrigo dos ataques de parasitas (vermes ou insetos). As paredes das nozes são rugosas e sua consistência é a de uma avelã.

A superfície da semente de noz-moscada não é homogênea, mas percorrida por linhas sinuosas, de cor marrom-avermelhada, que resultam da penetração, no albume, do tegumento interno da semente: o que os botânicos chamam de um endosperma *ruminado*.

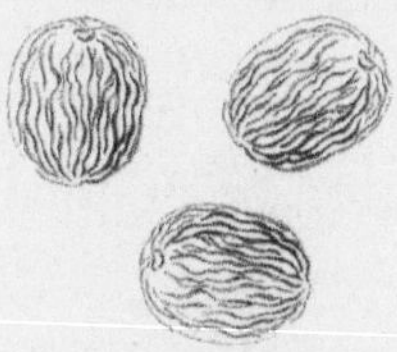

Sementes de noz-moscada

Quando prensada, a noz-moscada fornece uma matéria pastosa e gordurosa, a manteiga de noz-moscada, de uma bela coloração alaranjada pelos carotenóides que contém. Esse corpo gorduroso é original por seu forte teor de ácido mirístico,[4] formado de quatorze átomos de carbono em posição linear.

A noz, assim como o macis, também fornece um óleo essencial bastante perfumado e de composição complexa, o que lhe confere seu status de especiaria.

Louvada "contra a ventosidade do estômago e das tripas", reputada por "confortar o cerebelo e a gravidez", a noz-moscada passava também por facilitar os partos. Em Veneza, em 1704, Paullini redige uma obra de novecentas páginas sobre ela, onde a prescreve para o tratamento de não menos de cento e trinta e oito doenças distintas! Como entra em preparações destinadas ao embalsamamento, o autor conclui: "Saudável ou doente, vivo ou morto, ninguém pode prescindir dessa noz, a mais salutar de todas!"

E, de fato, em seu *Tratado dos alimentos* publicado em 1702, o doutor Louis Lemery faz da noz-moscada, como era hábito na época, uma verdadeira panacéia: "Ajuda a digestão, fortifica o coração, o cérebro e o estômago, expulsa os gases, provoca os meses das mulheres e corrige o mau hálito; como aquece bastante – eis por que devemos usá-la bem moderadamente -, é recomendável em clima frio aos idosos, aos flegmáticos e àqueles que digerem com dificuldade, sendo de grande utilidade para os que freqüentam o mar..." Para azar dos flegmáticos, quase todas

4. Mirística, pois a moscadeira pertence à família das Miristicáceas.

essas indicações foram desacreditadas com o tempo. E então a noz-moscada teve de se contentar em fazer carreira na gastronomia.

As nozes, muito duras, podem ser moídas ou raladas. O costume de ralar a noz-moscada é um trabalho delicado, pois o pó se evapora rapidamente perdendo seus óleos essenciais e portanto o requinte do seu aroma. Já o macis será triturado num pequeno almofariz, liberando o seu sabor específico, ligeiramente cítreo e acidulado

No século XVIII, quando a moda da noz-moscada estava no auge, os convivas se apresentavam para jantar munidos de um pequeno ralador feito de osso e madeira ou de prata, acessório indispensável ao uso correto das nozes. Toulouse-Lautrec carregava sempre com ele sua noz e seu pequeno ralador a fim de aromatizar o porto de que era aficcionado.

Atualmente, a noz-moscada é usada indiferentemente para os pratos salgados ou doces. Ralar noz-moscada sobre um molho bechamel ou purê de batatas é um hábito comum. O mesmo acontece com as sopas de legumes, que logo se enobrecem com os ricos aromas dos trópicos. A noz-moscada também faz um belo par com vinhos e alcoóis: antigamente era acrescentada aos vinhos quentes e à cerveja.

Porém, em 1569 Gilles Fernel vê na noz-moscada um perigoso excitante para o espírito e as pessoas. Será que tem efeitos indesejáveis? Em todo caso é o que deixa entender um célebre adágio da prestigiosíssima escola médica de Salerno, ao sul de Nápoles: "*Unica nux prodest, nocet altera, tertia necat*" (uma noz é útil; uma segunda, danosa; a terceira, mortal). E, de fato, foram assinalados acidentes em casos de consumo intempestivo de nozes. Os sintomas se assemelham à embriaguez alcoólica: torpor, perda de sensibilidade, adormecimento, sono interrompido por episódios delirantes, dor de cabeça ao despertar...

A noz-moscada foi experimentada em animais, os pintos revelando-se particularmente sensíveis a ela. Muito rapidamente, sob efeito da especiaria, sentam-se, dormem e a duração do sono se prolonga – mas esses efeitos nefastos só se manifestam com doses fortes, ao passo que alguns centigramas bastam para seu uso em culinária.

Feita essa ressalva, o pé de noz-moscada macho é efetivamente o paxá dos trópicos, já que mantém em torno dele um grande harém de árvores fêmeas e produz uma das mais preciosas e perfumadas especiarias.

Cravo-da-índia, uma flor em botão

O cravo-da-índia figura entre os obstáculos que todo estudante de farmácia tem de vencer: se o aponta como a flor ou o fruto do craveiro-da-índia, deixa logo o professor irritado, pois, como todos sabem, o cravo-da-índia é um botão floral. Dos vegetais geralmente utilizamos as cascas, a madeira, as folhas, as sumidades floridas, os frutos, as sementes, até mesmo a planta inteira. O botão, nunca... salvo no caso do cravo-da-índia.

O craveiro-da-índia e seu botão nos conduzem à Indonésia. Não apenas as ilhas Molucas são seu berço, como os indonésios têm o hábito de fumar cigarros misturando cravo moído ao tabaco. Esse perfume obstinado e picante perfuma o arquipélago.

Cravo-da-índia

À diferença da pimenta e da canela que nos vêm da noite dos tempos, a Antigüidade greco-romana não conheceu nem o cravo-da-índia nem a noz-moscada. Foram os chineses que estimularam sua cultura nas ilhas de Amboina e de Ceram, nas Molucas. A tradição conta que sob a dinastia de Han, dois séculos antes de nossa era, os funcionários da corte imperial mascavam botões antes de se dirigirem ao imperador, purificando assim o hálito.

O cravo-da-índia parece ter surgido na Europa no século IV de nossa era, levado pelo comércio árabe por volta de 320, na época do célebre concílio de Nicéia na Ásia Menor, que nos valeu o *Credo*. O imperador Constantino, que presidia o dito concílio, ofereceu cravo ao papa, que ficara em Roma. É a primeira menção que possuímos da presença de cravos-da-índia no Ocidente. Mais tarde uma pequena caixa de ouro contendo dois cravos-da-índia é encontrada num túmulo alsaciano datando do século XI. É a partir do século VIII que o comércio do cravo parece ter se intensificado no Mediterrâneo e a nova especiaria começa a se espalhar por toda a Europa. Mas seu preço continua exorbitante. No século XIV, em Siena, custa cinco vezes mais caro que a noz-moscada, o que diz de sua raridade e valor! No início do Quattrocento, é evocado no *Inferno*, de Dante: "Nicolo, que fez a primeira descoberta do rico costume do cravo-da-índia no jardim onde essa semente se enraíza."

Quem foi esse Nicolo supostamente introdutor – e, melhor ainda, cultivador, o que é provavelmente inexato – do cravo-da-índia na Itália?

Ramo do craveiro-da-índia

Não sabemos ao certo. Mas sabemos como os portugueses, depois os holandeses, reivindicaram a exclusividade do cravo a partir do Renascimento, na era dos grandes navegadores. E acompanhamos a audácia de Pedro Pimenta ao arruinar o invejado monopólio dos holandeses nas ilhas Molucas. Os ingleses introduziram mais tarde o cravo em Zanzibar, que se tornou grande produtor de cravos-da-índia. Madagascar detém uma fatia de mercado mais modesta; já a Indonésia continua com a parte do leão.

O craveiro-da-índia é uma das mais belas árvores dos trópicos. Sua singular forma piramidal lhe confere originalidade especial e sua folhagem persistente, de um verde brilhante, se empoa de vermelho e dourado quando os brotos desenvolvem suas folhas jovens. A floração, que é efetuada espontaneamente com a abertura dos botões quando estes não são colhidos, libera de cada flor um magnífico buquê de estames finos e bem eretos. Essas flores comportam quatro sépalas espessas, alongadas e coladas uma à outra, que formam a base do cravo. Em sua extremidade, as quatro pétalas branco-róseo, que a princípio são destinadas a não desabrochar, uma vez que a colheita é efetuada antes.

Flor do craveiro-da-índia

As árvores alcançam produtividade plena por volta do seu vigésimo ano. A colheita acontece então uma ou duas vezes por ano, quando os botões começam a avermelhar. São colhidos manualmente, separados dos pedúnculos (as garras), secados ao sol até atingirem sua coloração marrom-avermelhada, depois selecionados em função de sua qualidade e acondicionados com vistas à exportação. Cada árvore produz em média dois quilos de cravos secos por ano. A colheita é longa e laboriosa, já que inteiramente efetuada a mão, assim como todas as operações seguintes, o que explica o elevado preço dos cravos. Caso a floração e a frutificação não sejam interrompidas com essa colheita precoce dos botões, surgem frutos chamados antófilos, ou *mères de girofle* (mães-de-cravo) – bagas alongadas, coroadas pela extremidade das quatro sépalas e encerrando uma semente única.

O cravo-da-índia contém uma quantidade absolutamente inusitada de óleo essencial: de 15 a 20%. De densidade superior à da água – outra originalidade –, este óleo escoa para recipientes de onde é recolhido após destilação. Essa essência contém fundamentalmente o eugenol, que lhe confere o forte e peculiar aroma da flor-de-cravo e aquele sabor picante característico dos consultórios odontológicos: quem já não colocou um "eugenata" num dente cariado, emplastro branco feito de eugenol e óxido de zinco que ameniza as dores de dente, protegendo o dente doente com um cimento provisório que a terrível broca acabará por eliminar bruscamente quando for tratado?

De fato, a essência de cravo e o eugenol que ela contém possuem propriedades bactericidas e fungicidas marcantes. É utilizada por esse motivo em aromaterapia e entra também na composição da "tintura de ópio açafranado", o famoso "láudano de Sydenham", que os farmacêuticos antigamente conservavam fechado a chave no armário de estupefacientes, tintura opiácia à qual ela confere um odor inequívoco.

As folhas de craveiro-da-índia, as garras ou pedúnculos florais, os botões e a própria essência são utilizados para a extração do eugenol. Este serve por sua vez para efetuar a síntese da vanilina, cristais brancos que conferem à baunilha sua fragrância tão característica.

Na fronteira entre a farmácia e a gastronomia, citemos também a famosa água-de-melissa das carmelitas, rica em arômatas e especialmente em cravo-da-índia. Pierre Delaveau evoca em linguagem florida o surgimento do cravo-da-índia numa mesa burguesa:

> Sobre a mesa luxuosa exibia-se em toda a sua glória rósea um magnífico presunto perfurado por cem cravos-da-índia, que redescobriam então seu atraente papel de flores promissoras. Os convivas hesitavam em trincar os cravos junto com a carne tenra; porém o sabor, logo percebido, surpreendia os mais ousados, ao passo que os tímidos, de dentição várias vezes recapeada, punham-se a confundir esse momento de delícia gastronômica com as horas de espera e sofrimento passadas no dentista. O cheiro do curativo à base de eugenata lhes vinha como o sabor da madeleine de Proust. Rapidamente a anfitriã dissipou a impressão de mal-estar: os cravos-da-índia estavam ali apenas para decoração.

Presunto perfurado por cravo, cebola ao cravo, pratos realçados pelo sabor picante, amaro e frutado da especiaria: o cravo-da-índia é onipresente nas cozinhas do Oriente e do Ocidente. Casa-se harmoniosamente a outras especiarias fortes, como o gengibre, a pimenta ou o cardamomo. Os *masalas* indianos e as misturas de especiarias chinesas contêm sempre cravo. Na França, enriquece os sabores do cozido, da marinada, do presunto no qual são espetados, do chucrute e, na Alsácia, do famoso *baeckehoffe.*[5] Tempera também sobremesas feitas com maçãs.

Em sua esplendidamente documentada obra sobre as especiarias, Alain Stella menciona que o *grande chef* Roger Verdé "sugere ralar um pouco de cravo sobre o suco de limão ou de laranja. O realce do sabor assim obtido proporciona uma felicidade completa." Se o cravo vai ser utilizado moído ou ralado, convém comprá-lo inteiro, pois sua moagem evapora-se rapidamente. E o autor nos aconselha: "Quando num dia de inverno você sentir os ossos transidos, e talvez também a alma, jogue alguns cravos num vinho quente, por exemplo um pequeno bandol* – que se associa bem com todas as especiarias – realçado com uma pitada de canela para enfim voltar à vida."

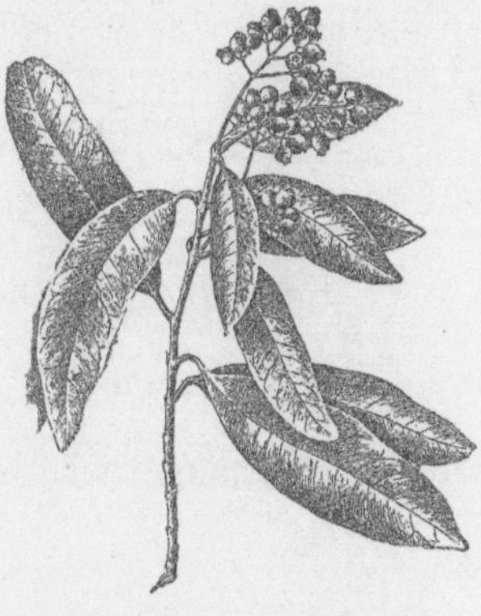

Pimenta-da-jamaica

Próximo do craveiro-da-índia, membro da mesma família das Mirtáceas, figura o gênero *Pimenta,* sendo que uma de suas espécies, a *Pimenta officinalis* (ou *Pimenta dioica*), fornece nas Antilhas a "*quatre-épices*", também conhecida como pimenta-da-jamaica, murta-pimenta, pimenta-coroa ou

5. Especialidade alsaciana composta de batatas, carne de porco e cordeiro, dispostas em camadas num prato de barro e coberta com massa de pão.

* Bandol: vinho jovem rosé da região de Bandol, na Provença. (N.T.)

toute-épice. O fruto é uma baga globulosa, aproximadamente do tamanho de uma ervilha, enegrecida pela maturação. Essa "pimenta" deve seu nome de "*quatre-épices*" ao seu sabor, que evoca ao mesmo tempo o da pimenta-do-reino, do cravo, da noz-moscada e da canela. Um sabor decerto original, mas menos refinado que o das "quatro especiarias" das quais herdou o nome. Tampouco se deve confundi-la com as misturas de temperos, em particular com os famosos "cinco-temperos chineses" ou as "sete-especiarias japonesas".*

Na Jamaica, nas encostas que dominam o mar, um poderoso perfume nos surpreende. Emana de uma plantação de pimentas que evocam fortemente o cheiro do cravo, que predomina sobre o da pimenta, da noz-moscada e da canela. Essa especiaria original chamada por tantos nomes se recusa obstinadamente a dar frutos a não ser na América. Não menos curiosamente, sua implantação nos hábitos culinários nunca foi bem-sucedida, seja na França ou na Europa meridional. O mesmo não acontece na Grã-Bretanha, onde a pimenta-da-jamaica – também chamada *allspice* – entra nos *entremets*, nos biscoitos e nos *puddings*, mas também nas marinadas e na carne salgada. Procurando bem, vamos encontrá-la em contrapartida nas sutilíssimas fórmulas do Bénédictine e do Chartreuse.

* Todos são temperos em pó preparados com variadas misturas e combinações de especiarias, sempre incluindo pimentas. (N.T.)

Gengibre e sua ampla culinária

Em 1289, o papa Nicolau IV encarrega o franciscano Giovanni Da Montecorvino de estabelecer relações duradouras com o grão-cã. Essa embaixada, que consiste também numa missão, faz de Montecorvino o primeiro arcebispo de Pequim. Oderico de Portenone conta nestes termos seu encontro com o imperador da China:

"Num dia em que o grão-cã entrava em Cambalica [Pequim], nosso bispo, seus irmãos-menores e eu mesmo fomos ao seu encontro a dois dias de viagem da cidade. Fizemos uma procissão para o soberano que reinava em seu carro. Carregávamos à nossa frente uma cruz fixada numa grande haste e cantávamos a antiga *Veni sancte spiritus.* Quando chegamos nas proximidades do carro imperial, o grão-cã ao reconhecer nossas vozes nos fez avançar até ele e, como nos aproximávamos com a cruz erguida, ele também ergueu sua coroa, de preço inestimável, e fez reverência à cruz. Mas como a etiqueta exige que ninguém nunca apareça diante de Sua Majestade sem um presente, lhe oferecemos um prato de prata cheio de frutas que ele pegou amavelmente, fazendo inclusive o gesto de provar uma."

Essa fruta que não era fruta era o gengibre.

Para chegar a Pequim, o missionário atravessou a Turquia e a Pérsia. Embarcou em Ormuz, porto do golfo Pérsico, para Bombaim e a costa ocidental da Índia, que atingiu em 1292. Foi ali que encontrou o gengibre, de que nos dá uma primeira descrição precisa.

Alguns anos antes, Marco Polo também o tinha visto em flor em numerosas regiões da Índia e da China, particularmente na costa do

Malabar, a oeste da península Índica. Nessa época, porém, o gengibre já cruzara há muito tempo as portas do Oriente para alcançar a Europa. Os gregos provavelmente já o conheciam por intermédio dos persas. Chegava a eles por duas grandes vias: uma, marítima, pelo sul da Arábia; outra, terrestre, pela rota da seda.

Plínio, que se espanta com o sucesso obtido pela pimenta na Roma antiga apesar de seu preço elevado, mostra-se mais indulgente para com o gengibre, espantando-se inclusive com que fosse tão fortemente taxado pelos funcionários do fisco. Mas os romanos não faziam caso algum daquela especiaria. Foi preciso esperar as cruzadas para vê-la penetrar e se impor por toda a Europa. Acabou até mesmo por suplantar a pimenta e se tornou, por um momento, o condimento mais utilizado. Guisados, carnes, sopas cremosas eram temperados com pó de gengibre. É claro que esse brusco sucesso também é explicado por um preço bem inferior ao da pimenta.

No século XII, os médicos da escola de Salerno, a mais brilhante de seu tempo, louvaram num quarteto as propriedades atribuídas ao gengibre:

Ao frio do estômago, dos rins e do pulmão
O gengibre ardente se opõe com razão,
Mata a sede, reanima, excita o cérebro,
Na velhice desperta o amor jovem e etéreo.

Quase na mesma época, santa Hildegarda de Bingen, autoridade inquestionável em matéria de especiarias e de remédios, fez dele a base de diversos medicamentos antiinfecciosos – desaconselhando-o porém aos homens obesos que, ao consumi-lo, "se arriscariam a se tornar ignaros, inconscientes, mornos, lascivos..."

Gengibre

Em seu *Tratado universal das drogas simples*, publicado no século XVII, Nicolas Lemery exalta as supostas propriedades afrodisíacas do rizoma asiático: "A pequena cana de flores em clava, própria para fortificar as partes vitais ..., para aquecer os idosos ... e excitar o sêmen." Em 1880, Em *O laboratório*, verdadeiro livro de cabeceira dos farmacêuticos da época, Dorveau aconselha suas famosas "pastilhas do serralho" para vencer a anafrodisia ou ausência de desejo. Canela, cravo, gengibre e macis fazem boa figura nessa composição, onde aparecem também a baunilha, o almíscar, o açafrão e o âmbar-gris.

O gengibre é cultivado hoje em dia em numerosas regiões tropicais, ainda na China e na Índia, mas também no Ceilão, na Jamaica e na costa ocidental da África. Trata-se de uma grande erva vivaz cujos caules arremetem de um rizoma subterrâneo portador de folhas lanceoladas em forma de sabre. As flores são dispostas em espigas densas e possuem três pétalas, uma das quais, nitidamente maior e de cor vermelho vivo, o labelo, destina-se a atrair os polinizadores. O rizoma subterrâneo forma uma espécie de tubérculo horizontal e chato, nodoso, ramificado, fortemente aromático.

O comércio vende os rizomas, tanto com casca como descascados e limpos, os primeiros correspondendo ao chamado gengibre cinzento, os últimos ao gengibre branco; este último é o mais freqüentemente utilizado.

Sua identificação é muito fácil, pois esses rizomas são cercados de anéis bem característicos. O odor e o sabor quente e picante se devem à presença de um óleo essencial e de uma resina; é esta que comporta os princípios picantes, sobretudo a zingerona.

Em 1783, Chambon, citado por Henri Leclerc, menciona um documento interessante sobre o consumo do gengibre na França:

> Encontro num documento publicado em 1688 que entraram no porto de Marselha mil cento e trinta quintais de gengibre da lavra de nossas ilhas e que o preço corrente era de doze a quatorze libras o cento pesado. O consumo desse gênero alimentício aumentou desde então, mas não proporcionalmente às outras produções da América, o que atribuo ao luxo que ganhou os campos e que fez os mais pobres aldeões imaginarem que há maior glória em usar a pimenta do que o gengibre, pela única razão de que é mais cara e as pessoas ricas fazem uso dela.

Atualmente o gengibre perdeu seu prestígio d'antanho, quando era, ao lado da canela, mais consumido que a pimenta. Em contrapartida, na Inglaterra e nos Estados Unidos, entra na composição de várias bebidas: ginger-ale, ginger-beer, ginger-brandy, e até... ginger-champanhe e ginger-wine! Leclerc observa com humor que na França "o gengibre não é conhecido senão pelos negociantes de cavalos que utilizam seu pó como tópico retal para forçar os cavalos a levantar o rabo, sinal de vigor e de raça sempre apreciado pelos aficionados do hipismo. Porém, acrescenta, mereceria mais do que ser reduzido a esse papel humilhante ..."

Especiaria polimorfa e ambígua, o gengibre realça tanto o salgado quanto o doce; tanto o pato, substituindo suas tradicionais laranjas, como uma geléia ou uma compota, entrando também nos doces, seja em calda ou cristalizado.

Na Inglaterra, na hora do chá, biscoitos, bolos, tortas, doces e pães de mel demandam um grande consumo de gengibre (sem esquecer os chicletes!). No Japão, o conhecido sushi, peixe cru acompanhado de arroz, só é consumido com o famoso *gari*: gengibre marinado em vinagre caramelado cor de pele, que acompanha tradicionalmente esse grande prato nacional.

Ao contrário de várias especiarias de efeitos ainda não comprovados em sua carreira terapêutica, o gengibre parece apresentar algumas propriedades específicas confirmadas por recentes testes farmacológicos e clínicos. Já gozando na Índia de grande reputação na medicina ayurvédica, os autores desse país mostraram que seu consumo regular abaixa a taxa de colesterol. Na França, o rizoma foi recentemente inscrito na lista das plantas suscetíveis de entrar na composição de fitomedicamentos sem necessitar para isso da clássica autorização de comercialização. Em razão de sua utilização antiga na medicina tradicional, beneficia-se na realidade de uma autorização parcial, tendo como indicação terapêutica o "mal dos transportes". De fato, seus efeitos antieméticos foram destacados, e, assim como todas as especiarias, seu papel de estimulante das secreções salivares e gástricas. Uma dose de um grama por dia é preconizada também nas náuseas pós-operatórias ou ligadas à gravidez. Esse uso não comporta nenhum risco, pois o rizoma não é tóxico e não produz nenhum efeito colateral. Finalmente descobriu-se que um dos constituintes essenciais de sua resina, o gingerol, apresenta efeitos colagogos e hepatoprotetores sobre células hepáticas de ratos intoxicados por tetracloreto de carbono. Esses efeitos coincidem com os de uma especiaria próxima do gengibre: o cúrcuma ou açafrão-da-índia.

A ecologia do gengibre nos revela estranhas relações, apaixonantes e apaixonadas, com as formigas. Quando suas flores ainda em botão se fecham numa espécie de grande espiga vermelha formada por escamas imbricadas, podemos vê-las flertando com formigas "patrulheiras" atraídas por minúsculas glândulas produtoras de um néctar "especial"... Assim alimentadas, as patrulheiras defendem com ardor esses botões contra o apetite devastador de grandes coleópteros e outras lagartas que apreciam os tecidos das flores ainda jovens antes de se abrirem para serem fecundadas.

Depois as flores se abrem e prestam de certa maneira um segundo serviço sob a forma de um néctar abundante, totalmente diferente, destinado a alimentar os beija-flores polinizadores. Mas as formigas não são expulsas com isso. Muito pelo contrário: a flor as alimenta oferecendo uma terceira espécie de néctar especial, absolutamente repugnante para os pássaros, secretados por pequenas glândulas distribuidoras.

Por que tanta solicitude? Muito simplesmente porque grandes abelhas madeireiras, ditas "abelhas-carpinteiras", gostam de disputar com os beija-flores o privilégio desse néctar da flor sem com isso polinizá-lo. Agora, são essas abelhas que as formigas atacam, deixando caminho livre para os pássaros. Infelizes abelhas que vêem se levantar contra elas batalhões de ferozes formigas como se lhes dissessem peremptoriamente: "Circulem! Não há nada para... beber!"

Essa magnífica colaboração entre as flores do gengibre e as formigas que intervêm em dois estágios diferentes da evolução dessas flores é ainda mais surpreendente pelo fato de ser absolutamente gratuita. Na verdade, o gengibre, através dos seus rizomas, possui um poderoso meio de multiplicação vegetativa que provavelmente lhe permitiria se perpetuar sem ter de recorrer nem à flor nem à semente. É justamente o que fazem as bananas, suas remotíssimas primas. Mas tudo se passa aqui como se a planta quisesse colocar todas as vantagens do seu lado e de certo modo se beneficiar do luxo de um duplo sistema de reprodução igualmente eficaz: um, subterrâneo, pelos rizomas; outro, aéreo, pelas flores.

Flores que, no caso, manipulam e sustentam habilmente as formigas, as quais recebem um salário natural sob forma de néctar para as patrulheiras; mas que também subjugam os beija-flores, com estes por sua vez recebendo um néctar que lhes é especialmente destinado à guisa de recompensa pelo cuidado que dedicam a polinizá-las. Em suma, as flores de gengibre sempre mantêm abertos ao mesmo tempo um botequim para as formigas e um bar para os beija-flores!

Cúrcuma-redondo ou longo

"Um outro gênero de *Cyperus* originário da Índia se parece com o gengibre: possui, quando mascado, as propriedades do açafrão." É assim que

Dioscórides, médico e cirurgião dos exércitos de Nero, descreve esse irmão gêmeo do gengibre, que não é de modo algum um *Cyperus*, mas sim o cúrcuma, facilmente identificável por alusão ao açafrão com o qual partilha o forte poder corante.

Originário da Malásia e da Índia, o cúrcuma é cultivado desde as épocas mais recuadas. No sul e sudeste da Ásia, os habitantes o utilizam como condimento, mas também como corante sob o nome de "açafrão-da-índia", embora não tenha nenhum tipo de parentesco com o verdadeiro açafrão.

Assim como o gengibre, o cúrcuma é uma grande erva vivaz que possui um poderoso rizoma. Carrega espigas abundantes de belíssimas flores com labelos púrpura.

Segundo se trate do rizoma principal ou de um rizoma secundário que se origina do primeiro, fala-se de cúrcuma-longo ou de cúrcuma-redondo.

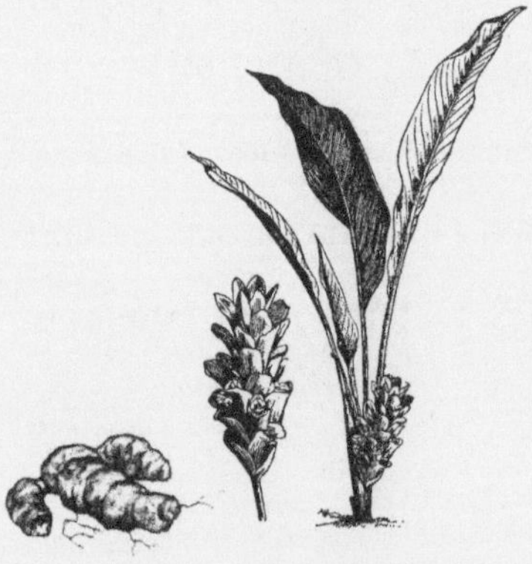

Cúrcuma

Os rizomas do cúrcuma-longo quebram facilmente nos nós e revelam sobre o topo uma forte coloração amarelo-avermelhada que exala um odor característico. Contêm um óleo essencial e matérias corantes amarelas: as curcuminas.

Em virtude da antiga "teoria das assinaturas", essa forte cor amarela levou o cúrcuma a ser indicado no tratamento das doenças do fígado que se manifestam por uma icterícia. De acordo com essa teoria, a natureza – ou o Criador – teria marcado com um sinal facilmente identificável as diferentes propriedades das plantas. Presente no pensamento tradicional dos cinco continentes, essa crença provavelmente exprime a vontade obstinada de reconhecer uma ordem reinante no coração da natureza, ali onde o pensamento moderno só vê caos. Mais simplesmente, alguns vêem nessa teoria um recurso mnemotécnico para se recordar, de geração em geração, as sutis virtudes das plantas. Essa abordagem parece um pouco simplória, embora possa se considerar a teoria das assinaturas, formalizada no século XVI por Paracelso e Jean-Baptiste Porta, um modo original e universal de apreensão do mundo: um mundo profundamente significante onde o moderno conceito de acaso não teria lugar. Ainda assim, esse modo de leitura da natureza tão característico do pensamento tradicional e que nos parece hoje em dia bizarro, para não dizer aberrante, se confirma em todos os pontos no caso do cúrcuma.

A curcumina propriamente dita, ou curcumina I, exerce de fato uma ação protetora sobre as células hepáticas de camundongos intoxicados por um veneno clássico do fígado: o tetracloreto de carbono. Uma espécie irmã do *Curcuma longa*, o *Curcuma xantorrhiza*, de raízes amarelas, cuja composição química é bem próxima daquela do cúrcuma-longo, fornece uma droga reputada colagoga e clorestérica, utilizada sobretudo na Alemanha.

Mas o cúrcuma e as curcuminas são também corantes reconhecidos e muito amplamente utilizados como aditivos alimentares. A curcumina figura no *Diário Oficial* francês de 1º de junho de 1975 sob o código E100-E; com esse título, é usado como corante em "mostardas (à exceção das verdes), manteiga, queijos, leites aromatizados, gorduras (à exceção das margarinas), produtos defumados e salgados (à exceção da maionese), doces, geléias, balas, pastilhas, bombons, sorvetes, pastas de frutas, caviar e similares, camarões, licores (à exceção dos licores de cassis, framboesa, groselha e cereja), cascas de queijos". Eis a lista exaustiva dos produtos alimentares que podem ter a curcumina como corante na França.

É aliás tanto a título de condimento como de corante que o pó de cúrcuma entra nas diversas composições de currys que temperam o arroz indiano e lhe conferem sua bela cor amarela. O pó de curry, como vimos, não é definido por uma composição precisa, mas nele em geral encontramos gengibre, cúrcuma, pimenta-do-reino, cardamomo, coentro e, às vezes, pimenta e canela.

Primas próximas do gengibre e do cúrcuma, a zedoária e a galanga também produzem rizomas, pertencendo à mesma família das Zingiberáceas. Essas especiarias aromatizantes utilizadas no Oriente eram desconhecidas dos Antigos e não fizeram carreira no Ocidente. Observa-se porém sua presença na complexa fórmula do célebre alcoolato de Fioravanti,* que todo farmacêutico um pouco vivido já aspirou nos laboratórios e cujo perfume é simplesmente extraordinário. Era recomendado antigamente, como hoje a tintura de arnica, para o tratamento por via externa de machucados e feridas.

* Leonardo Fioravanti (c.1518-1588): médico italiano conhecido por sua fórmula de alcoolato – uma substância resultante da reação de um álcool com um metal alcalino – que inclui aromas de especiarias. (N.T.)

Cardomomo e semente-do-paraíso

A viagem continua no coração da família das Zingiberáceas, que parece ter sido criada expressamente para nos fornecer especiarias, tanto é delas pródiga.

> A semente de cardamomo é a única especiaria que nos proporciona, naturalmente fechado num envelope, o fruto seco que a contém. Essa distinção simboliza maravilhosamente o caráter precioso e delicado dessa minúscula semente marrom encerrada, ao lado de dezenas de outras, num pequeno fruto oblongo de um a dois centímetros. Ao lado da baunilha e do açafrão, o cardamomo é a especiaria mais cara. Mas também a mais apreciada pelas papilas entre todas as especiarias importantes. Colocá-la na boca provoca uma série de fortes emoções: inicialmente devemos sugá-la para melhor saborear o aveludado de sua textura e o açucarado que a disfarça; depois trincá-la para liberar a generosa palheta de seus sublimes sabores – que fazem bailar em conjunto o cítreo, a cânfora e a bergamota. E esse composto extraordinário perdura na boca, como se quisesse nos fazer sonhar por muito tempo com os Montes Cardamomos, onde tudo começou.

É nesses termos elegantes e perfumados que Alain Stella faz o elogio dessa especiaria preciosa e menos conhecida.

Os cardamomos efetivamente batizaram uma cadeia de montanhas que domina a planície do Kerala e a costa do Malabar, no extremo sudoeste da Índia, "a mais condimentada região do mundo". Aqui, "no claro-escuro das grandes árvores tropicais onde chilreiam harmoniosamente os pássaros-cantores, elevam-se plantas compactas formadas de longas folhas em que despontam hastes florais em espigas bem menos densas que as do gengibre ou do cúrcuma". Nestes últimos, as flores, cada uma inserida numa bráctea, formam conjuntos florais contraídos característicos da flora dos trópicos, no estilo *sui generis* das Estrelítzeas ou das Helicônias que tão freqüentemente evocam as Antilhas. No caso dos cardamomos, a natureza esticou a haste, sendo cada flor bem individualizada na axila de sua bráctea. As flores brancas, com veios violeta, atingem sua plena floração de abril a agosto e dão cápsulas alongadas contendo cerca de vinte sementes pretas e aromáticas.

Cardamomo

Esses frutos são colhidos com tesouras quando começam a tender para o amarelo, a colheita estendendo-se por três ou quatro meses; depois são secados e comercializados inteiros, o que torna impossível qualquer fraude sobre as sementes. Cabe ao consumidor abrir esses frutos secos para extrair as sementes que serão usadas piladas ou moídas. Como existe toda uma série de cardamomos pertencentes a três gêneros vizinhos – *Elettaria, Amomum* e *Aframomum* –, é difícil saber de que especiaria falavam Teofrasto e Dioscórides quando gabavam o cheiro forte, suave e quente desse tempero já conhecido da Antigüidade.

O cardamomo continua ainda hoje como um dos componentes essenciais da culinária indiana, entrando na composição das misturas chamadas *masalas*.* Muito utilizado no Oriente Médio para perfumar o

* Masalas: temperos geralmente em pó preparados com misturas variadas de especiarias como canela, louro, cominho, coentro, cardamomo, pimentas, cravo, macis, cúrcuma, gengibre e feno-grego, entre outras. (N.T.)

café e o chá, cujo amargor adoça, conheceu outrora múltiplas indicações medicinais que caíram em desuso. A história tampouco nos diz se os legionários romanos que fediam a alho a utilizavam para mascarar seu odor tão tenaz; esta porém é uma indicação tradicional do cardamomo assinalada por Leclerc. Na Europa, os suecos fazem bastante uso dele, pois entra na composição da aquavita.*

Com a *malagueta,*** mudamos de continente. Passamos para a costa ocidental da África, que, afora a pimenta-de-rabo mencionada anteriormente, só produz essa especiaria. Provenientes das mesmas regiões e possuindo sabores e aromas vizinhos, essas especiarias são freqüentemente confundidas. No século XIV, os navegadores de Dieppe trouxeram grandes carregamentos delas, sendo depois substituídos pelos portugueses.

Sua origem permaneceu por muito tempo misteriosa, fazendo com que fosse chamada de "semente-do-paraíso". No entanto, a malagueta não tem tanto valor quanto a pimenta-do-reino e desfruta hoje em dia, em algumas partes do mundo, de um sucesso apenas moderado. Por ter sido considerada no Velho Mundo um sucedâneo

Malagueta

* Aquavita: aguardente de origem escandinava feita de batata e aromatizada com especiarias. (N.T.)

** Trata-se da malagueta (*Afromomum melegueta*), também conhecida como pimenta-da-guiné, diferente da pimenta-malagueta (*Capsicum frutescens*), esta tão conhecida no Brasil. (N.T.)

da pimenta-do-reino, serviu ali para falsificar a pimenta em pó... Está distante o tempo em que *O bom anfitrião* de Taillevent e *O intendente parisiense*, famosas obras de culinária do final da Idade Média, cantavam a glória dessa especiaria!

Afora a malagueta e a pimenta-de-rabo é inegável constatar a pouca variedade no continente africano em matéria de especiarias, como se a natureza tivesse escolhido para as mais prestigiosas delas as floras ricas e diversificadas do Sudeste asiático. Assim que se atravessa o desfiladeiro de Kiber, que liga o alto maciço irano-afegão às baixas planícies do continente indiano, aromas e perfumes, gostos e sabores fascinam imediatamente o viajante. Deixa-se para trás o cheiro de sebo de carneiro e de carneiro assado próprio do Afeganistão, cuja culinária parece bem mais comum e opaca em relação aos pratos encorpados e fortes dos vales do Indo e do Gange.

No calor úmido do Indo, as especiarias espalham por toda parte sua presença intensa e suave.

Mas o que dizer da América?

Baunilha, uma vagem que não é vagem

Nos Alpes, acima do patamar das florestas, o olhar se dirige para o infinito dos picos nevados. A relva é rala, salpicada de flores minúsculas de corolas brilhantes. O azul das gencianas rivaliza com o do céu, enquanto pequenas espigas de flores marrom-escuras, quase pretas, densas, curtas e ovóides, do tamanho de uma avelã, despontam aqui e ali. Trata-se da nigritela nigra, do gênero *Orchis* e como se trata de uma planta protegida por leis de preservação, deve-se evitar colhê-la. Mas nada proíbe que se aspire profundamente seu perfume. Sente-se então um forte cheiro de baunilha que identifica imediatamente a família dessa planta minúscula: a das Orquidáceas, dentre as quais apenas algumas representantes são capazes de elaborar aroma tão suave, notadamente as plantas americanas do gênero *Vanilla*.

A baunilheira é uma liana da América Central, abundante no México e descoberta no século XVI pelos espanhóis que a chamaram *vainilla*, diminutivo de *vaina* (vagem). É um oficial do célebre conquistador Hernán Cortés quem primeiro descreve o uso dessa especiaria. Montezuma, líder supremo dos astecas, a consumia então com uma beberagem preparada a partir do cacaueiro, o "tchocolatl". Do franciscano Bernardino de Sahagun temos a primeira descrição detalhada da baunilha, de seu comércio, sua cultura e seus usos.

Cacaueiro

"Vagens" de baunilha e frutos de cacau chegaram à Espanha a partir da segunda metade do século XVI. As "vagens" de baunilha foram primeiro importadas da América, depois, a partir do século XIX, mudas foram expedidas para Java, Reunião, Maurício e Madagascar a fim de se testar seu cultivo. Mas essas mudas permaneceram obstinadamente estéreis, recusando-se a produzir a menor "vagem". Os espanhóis aliás co-

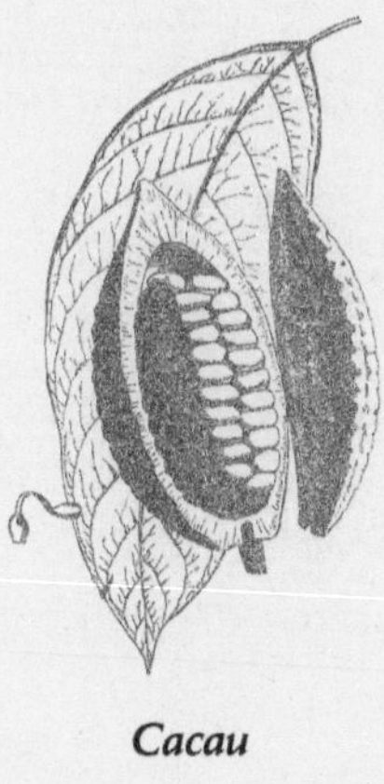

Cacau

nheceram malogros similares tentando cultivá-la na própria Espanha: as flores desabrochavam mas nunca formavam frutos. A surpreendente esterilidade das baunilhas fora de seu país de origem aguçou a curiosidade dos botânicos, que se debruçaram sobre a arquitetura da flor e sobre seu modo de polinização.

A baunilha é tipicamente uma orquídea. Divide com outras plantas dessa família um porte lianescente e a capacidade de emitir, a partir de seu caule principal, raízes que dele escapam e pendem para o solo. As folhas são também típicas da família das Orquidáceas e da classe das Monocotiledôneas à qual esse vegetal pertence: alongadas, pendentes, possuem nervuras que, a exemplo das retas paralelas, jamais se cruzam. As flores possuem seis pétalas brancas, uma das quais em forma de corneta com a beirada franjada, o labelo. Este envolve e recobre um órgão central resultante da junção do filete do único estame com o estilete que prolonga o ovário. Esse órgão misto, o ginostêmio, encima o ovário bastante alongado, formado por três cavidades com grande quantidade de óvulos minúsculos. Entre o órgão masculino e o órgão feminino, o estame e o estigma, ergue-se uma barreira intransponível chamada *rostelo*, que torna impossível qualquer autofecundação direta da flor, pois o pólen, bloqueado por esse rostelo, não consegue cair no estigma.

Foi necessário algum tempo para que os botânicos acabassem por identificar os insetos capazes de penetrar no labelo, se apoderar das massas polínicas e transportá-las para o estigma de outra flor, depois de ter cuidadosamente retirado o rostelo. Trata-se de himenópteros do grupo das abelhas melíponas. Uma vez polinizada e fecundada, a flor murcha e o ovário se desenvolve por cerca de nove meses para gerar uma cápsula comprida, impropriamente chamada de "vagem". Ao passo que as verdadeiras vagens, características das leguminosas (ervilhas ou feijões), são formadas de um só carpelo, essa folha modificada que carrega os óvulos, aqui, ao contrário, não possui menos que três. O nome de vagem dado ao fruto da baunilha é explicado pelo fato de essa cápsula, embora formada de três carpelos, só se abrir por duas valvas, o que é característica específica das vagens.

Tendo identificado o inseto responsável pela polinização das orquídeas, percebeu-se que ele não existia em nenhum outro lugar no mundo a não ser na América Central. E em nenhum lugar do mundo inseto algum tampouco é capaz de substituí-lo, ele que de certo modo adquiriu esta especialização: domesticar a arquitetura sutil da flor da orquídea, penetrá-la, dominar o rostelo, esse tipo de hímen que protege a parte receptiva feminina, e daí efetuar a polinização.

Mas eis que aparece um personagem pitoresco, o jovem Edmond Albius, que apesar do nome, era um jovem escravo negro da ilha da Reunião. É a ele que se atribui – talvez equivocadamente – o pioneirismo na fecundação assistida das Orquidáceas. Munido de uma agulha fina, e realizando uma hábil manobra, transportou o pólen para o estigma, evitando cuidadosamente a barreira natural do rostelo. Um romance intitulado *As baunilheiras*, de Georges Limbour, publicado em 1938, também contou essa história de Edmond Albius. Numa plantação de baunilheiras onde o escravo se refugiara e apresentara pela primeira vez as alegrias do amor à sua pequena Jeannette, Edmond se diverte friccionando os dentes do pente da jovem e acaba por quebrar um deles. Vem-lhe então a idéia de enfiá-lo na flor. "Enquanto ele insinuava com precaução o espinho entre as pétalas, Jeannette exclamou: 'Oh! Agora ela também é mulher! Será bela e terá filhos?...'" A metáfora será apreciada: pois é de fato com uma agulha que as mulheres praticam a polinização artificial das baunilheiras plantadas longe de sua pátria de origem.

Um estudante que não compreendera muito bem a sutileza do processo assinalou no seu exemplar que "a flor da baunilheira era fecundada por pólen humano" – ou seja, pelo sêmen do homem! Que monstro teria engendrado tamanha deturpação das leis da natureza? Na verdade, ela é mais exatamente polinizada pela mulher – aquelas que na ilha da Reunião são chamadas precisamente de "casadouras"...

Crescendo na costa ventosa, a mais úmida mas também a mais exposta aos ciclones, as baunilheiras são protegidas nos sub-bosques sombrios onde sobem pelo tronco das casuarinas, pseudoconíferas que povoam os litorais dos trópicos e nos lembram belas árvores de Natal. Mas podem também escalar outras árvores, e até mesmo simples tutores. Com a sombra e a chuva, a baunilha encontra as condições ótimas para seu desenvolvimento.

Na maturidade, ou seja, nove meses depois do "casamento", as "vagens", que se parecem com grandes vagens-de-feijão verdes, começam a amarelar. É importante colhê-las no ponto: muito cedo, lhes faltaria perfume; muito tarde, se abririam espontaneamente e perderiam qualquer interesse.

Baunilha

Verde, a baunilha não emite fragrância alguma. Será preciso então impor-lhe um longo trabalho de preparação e de maturação. Numa primeira etapa, as "vagens" são mergulhadas em água quente, depois empilhadas em caixas forradas de lã durante doze horas, período em que começam a ficar marrons. Seguem-se alternâncias de exposição ao sol e ao forno, depois um longo período durante o qual as vagens são fechadas em caixas. A operação dura novamente nove meses, como se fossem necessárias duas gestações para enfim produzir a especiaria madura.

As enzimas liberadas durante essas longas operações de maturação atacam as substâncias presentes na baunilha fresca e as transformam em vanilina, ao passo que o perfume desse aldeído se desenvolve e se fortalece. Ao fim da operação, obtêm-se cápsulas alongadas, enrugadas, marrom-escuras, luzidias, freqüentemente salpicadas de cristais de vanilina.

Mas a vanilina não é o único constituinte ativo da baunilha. Outras substâncias a ela se misturam, contribuindo assim para o aroma bastante refinado das vagens. Estas não podem portanto se comparar à vanilina pura, que tem um odor mais abrupto, menos sutil. Entre a vagem e a vanilina, há toda a diferença que existe entre um óleo essencial de componentes múltiplos e seu princípio ativo predominante, ou ainda uma grande safra de uma simples aguardente.

A baunilha perfuma os cremes, as *pâtisseries*, os *entremets*, os sorvetes, inclusive os de frutas, e reina na culinária dos doces. Corrige, na composição do chocolate, a pungência do cacau. Foi graças a ela que este conheceu na Europa, no século XVIII, um extraordinário sucesso.

Se 90% da demanda mundial são cobertos pela produção de aromas sintetizados, nem por isso a produção de vagens deixou de progredir ao longo das últimas décadas. Os Estados Unidos são os maiores consumidores. Já há muito tempo o México não é mais o principal produtor, cabendo esse posto a Madagascar e, em menor medida, aos Cômoros e à Indonésia, que pouco a pouco se afirmaram nos mercados. A ilha da Reunião, que produz baunilhas de excelente qualidade, conhecidas como "baunilhas-bourbon", exporta o grosso de sua produção para a metrópole e a Europa central.

A produção mundial atualmente gira em torno de mil e quinhentas toneladas anuais. Além da *Vanilla planifolia*, existe no Taiti a *Vanilla tahitensis*, produzida em quantidade bem pequena, mas cujo perfume faz as delícias dos melhores gourmets, pois contém derivados de fragrância anisada.

Como toda mercadoria de preço alto, a baunilha sofre falsificações. A mais usual, mas também a mais sutil, consiste em espalhar cristais de baunilha sintética sobre as vagens. Um exame atento desfará essa armadilha pois, na baunilha natural, o cristais se encontram desigualmente distribuídos sobre a vagem, manifestando-se na mais perfeita desordem, o que não é o caso para a baunilha sintetizada.

Contrariamente à maior parte das especiarias, a baunilha, que precisa de muito tempo para ser produzida, intensifica seu aroma ao envelhecer. Com a condição de ser lavada e secada, uma vagem pode ser aproveitada duas vezes. Antigamente era hábito conservar as vagens de baunilha no açúcar cristalizado, que se impregnava de sua fragrância. Podia-se então espargi-lo delicadamente em tortas, compotas e doces.

A baunilha também é associada ao sabor do rum, do ponche, até mesmo do café e do chá, como na ilha Maurício. Henri Leclerc não está errado ao fazer o panegírico dessa especiaria incomum ao escrever:

> De todos os produtos de ultramar, a baunilha é aquele que permite à arte culinária e à indústria do confeiteiro realizar as composições mais suaves: como as fadas que metamorfoseavam em pérolas finas e pedras preciosas todos os objetos tocados por sua varinha-de-condão, exclusivamente pelo contato ela dá às preparações mais banais uma fragrância aristocrática... É a alma de todas as *chatteries* (ou *gâteries*), assim chamadas provavelmente porque basta vê-las, basta aspirar seus eflúvios para o gourmet arredondar sua mão como a pata do gato quando, com seus olhos dourados, espreita algum pedaço suculento no prato do dono... Baunilha, café e cacau formam uma tríade dentro da qual o sol dos trópicos parece ter fechado, sob uma librê de ébano ou de burel, os aromas e os sabores mais aliciantes, e é de sua aliança que nascem essas obras-primas que, sob a assinatura dos Marquis, dos Fouchet e dos Boissier, atingem o *nec plus ultra* da perfeição, fazendo proclamar no universo inteiro a glória da chocolateria francesa...

Pimentas que queimam a boca

A pimenta-do-reino abriu este capítulo, as pimentas o fecham. Pimenta-de-caiena, pimenta-do-diabo, tabasco, harissa, curry, páprica, chili*: as pimentas estão em toda a parte onde a vida é "quente". Nada porém é mais incômodo do que ter de se haver com as múltiplas variedades de pimentas selecionadas há séculos por jardineiros e horticultores. E, não menos difícil, estabelecer fórmulas precisas das misturas compostas à base de pimentas, como o tabasco, a harissa ou o curry, que variam de uma região para outra ao sabor dos costumes locais.

A pimenta (gênero *capsicum*) é a única grande especiaria, ao lado da baunilha, fornecida pelo continente americano. Numa carta dirigida ao capítulo da catedral de Sevilha, Changa, médico de Cristóvão Colombo, contou ter visto em Hispaniola – atualmente Haiti e São Domingos – os nativos se alimentarem de uma raiz chamada *agê* (inhame), condimentada por um tempero chamado *agi* (pimenta)... Buscas arqueológicas empreendidas no México permitiram precisar que a pimenta já era consumida ali sete mil anos antes de nossa era. E, dois mil anos mais tarde, já era cultivada, o que faz dela uma das primeiras plantas alimentícias do continente americano.

Mas a palavra "pimenta" tinha precedido a chegada da planta na Europa. Designava desde o século XII uma bebida condimentada e estimulante. Esse nome deriva provavelmente do latim *pigmentum*, corante, que

* Chili: pronuncia-se *tchili.* (N.T.)

se tornou, no sentido do baixo-latim, "tempero" e "arômata". É somente no século XVII que a pimenta da América é designada por esse nome. Depois, em 1789, aparece a palavra "pimentão" para designar o fruto da pimenta-doce. Em 1846 aparece o termo "páprica". A essa altura, a pimenta já está amplamente difundida pelo mundo. A Índia, nunca na retaguarda quando se trata de especiarias, adotou-a, assim como diversos outros países, entre eles a Espanha, a Hungria e a África do Norte.

Capsicum

Para os botânicos, existem duas espécies principais: *Capsicum annuum*, como o pimentão ou pimenta-doce, e *Capsicum frutescens*, como a pimenta-de-caiena ou pimenta-de-queimar. A primeira é uma espécie anual; a segunda, uma vivaz, ou perene. As duas espécies produzem na maturidade uma baga lisa de tamanhos variados e pouco carnuda contendo diversas sementes. Inicialmente verde, pode passar depois ao amarelo, ao laranja ou ao vermelho vivo de acordo com as variedades.

Todas essas pimentas apresentam composições químicas análogas. Acima de tudo, princípios corantes pertencentes ao vasto grupo dos carotenóides, os pigmentos clássicos da cenoura: entre estes, a capsantina, corante amarelo, a capsorubina, vermelho vivo, e o alfacaroteno, vermelho-alaranjado. Essas substâncias corantes são solúveis nos óleos: daí a cor que assumem os condimentos oleosos à base de pimentas. São todas protovitaminas A que o organismo transforma em vitamina A.

As pimentas são igualmente ricas em vitamina C, ou ácido ascórbico, mais abundante no pimentão do que na pimenta-de-queimar. Aliás, foi da variedade de pimentão vermelho chamado páprica, que o célebre bioquímico húngaro Szent Gyorgyi isolou, em 1933 e pela primeira vez, o ácido ascórbico em quantidade notável. Antes da síntese dessa vitamina C a partir da glicose, esse pimentão representava, paralelamente aos agrumes, ou frutos cítricos, uma das principais matérias-primas utilizadas para sua extração. Mas esse teor de vitamina C cai fortemente por ocasião de sua secagem, ao passo que cresce à medida da maturação do fruto.

Uma segunda série de constituintes corresponde ao grupo dos capsídeos, cujo representante mais importante é a capsaicina: é ela que confere às pimentas seu sabor picante. Mal presente nos pimentões, pode ultrapassar 1% nas espécies mais agressivas, sendo mais abundante nas sementes que nos frutos. Se o fruto deleita a boca, as sementes por sua vez lhe ateiam fogo!

As pimentas com forte teor de capsaicina sempre foram utilizadas como revulsivos, por exemplo nos curativos de algodão termogênico ou térmico. Mas estudos mais recentes revelaram uma atividade sobre os neurônios sensíveis à dor, ao nível do tálamo, situado na base do cérebro. Assim, os Estados Unidos fizeram dele uma pomada analgésica utilizada nos pruridos e nevralgias, sobretudo aquelas resultantes do herpes. Não é impossível que essas propriedades analgésicas encontrem novas aplicações terapêuticas no futuro.

As pimentas também são utilizadas para reduzir o estado de embriaguez e o enjôo marítimo. Proporcionam tônus e recentemente conheceram uma nova aplicação: na Califórnia, a capsaicina entra na composição dos sprays presentes em cápsulas de autodefesa; um jato de capsaicina desarma imediatamente um possível agressor...

Se são apenas modestamente utilizadas na terapêutica, as pimentas ocupam lugar essencial na alimentação. Quando Cortés e seus conquistadores penetraram em terras astecas, grande foi seu pasmo ao beberem pela primeira vez o chocolate temperado com aquelas ardentes bagas vermelhas... Essa beberagem foi então batizada de *chili*, nome que depois foi conservado para designar as pequenas pimentas muito fortes oriundas dos países quentes.

Atualmente, a pimenta é utilizada no México sob a forma de molho picante, a *salsa*, presente em todas as mesas. Na Espanha os pimentões casam-se tradicionalmente com o gaspacho e a *paella*; carnes e peixes grelhados são acompanhados de pequenas pimentas maceradas no vinagre.

A Hungria cultiva uma variedade de pimentão, o conhecido páprica: quando em pó, esse pimentão vermelho é ingrediente do tempero típico nacional. Os húngaros classificaram suas ápricas segundo uma gama que vai das mais doces às mais picantes; as doces são as mais utilizadas, e a extradoce é empregada na condimentação dos gulaches.

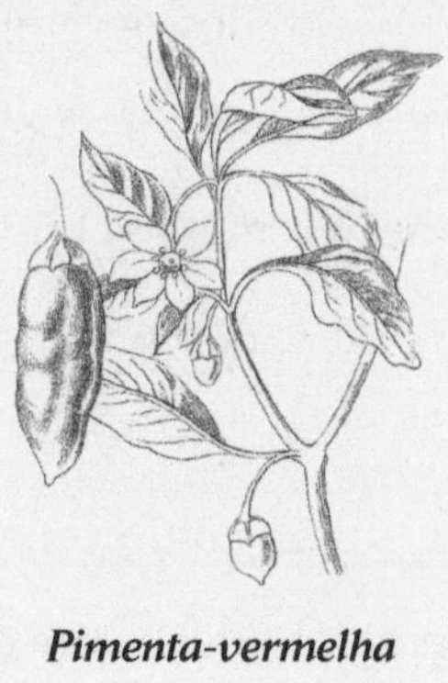

Pimenta-vermelha

A Ásia logo foi conquistada, e na Índia as variedades mais picantes de pimentas são as mais bem-acolhidas; sua produção prevalece atualmente sobre a de todas as outras especiarias. Entram nos temperos *masalas*, que são especiarias compostas, e no chili em pó, variedade ardente nitidamente ainda mais forte que o chili mexicano.

Mas o "top" cabe à pimenta-de-lombok, de uma ilha vizinha à Bali, que produz uma pimenta que esquenta não só sua boca, como também sua cabeça. É considerada a mais forte de todas, servindo para temperar o arroz, assim como a piripiri, pimenta vermelha difundida na África que tempera a sensaboria da mandioca, e o harissa, indispensável na África do Norte para o êxito de um bom cuscuz.

Não esqueçamos os anglo-saxões, que são loucos por picles e *piccalilis* – conservas e molhos condimentados, feitos com vários ingredientes, entre eles as pimentas.

Assim, da páprica ultradoce, emblemática da Hungria, à pimenta-de-lombok ultrapicante da Indonésia, percorremos uma rica palheta de sabores mais ou menos ardentes que fazem da pimenta a especiaria mais utilizada no mundo, e além disso, um alimento riquíssimo em vitamina C.

Nos Estados Unidos, o Texas, limítrofe do México, é um grande consumidor de pimenta, indissociável da famosa culinária *tex mex* cujo *nec plus ultra* é o famoso "chili com carne", ensopado de carne com feijões vermelhos bastante apreciado pelos caubóis do século XIX e cujo sabor está em vias de se propagar pela Europa.

Na França, ao redor da aldeia de Espelette, no coração do país basco, a cultura do pimentão é uma tradição secular. Trata-se aqui da pimenta-doce, ou pimentão, cujos belos frutos vermelhos e lisos são enfiados em cordas e colocados para secar nas brancas fachadas das casas bascas. Todo ano, em outubro, realiza-se a festa do padroeiro, quando os cavaleiros da Confraria do Pimentão de Espelette entronizam seus novos membros. A aldeia inteira se enfeita então com pimentões, mas a história não nos diz se está pensando ao mesmo tempo no panda chinês – aquele grande urso tão comovente descoberto no final do século passado pelo pai Davi, um missionário originário de Espelette –, que se tornou o símbolo mundial da proteção à natureza.[6]

O pimentão-de-espelette é o fruto de uma região específica e recentemente beneficiou-se de uma AOC (*Appellation d'Origine Contrôlée*), a exemplo de um *grand cru*...

6. Ver meu livro *La Cannelle et le Panda*, Fayard, 1999.

6
As Especiarias Nativas

Açafrão, a flor dos estigmas...

A neve se retirou, as relvas ainda ralas estão salpicadas pelo brilho amarelo dos crócus ou crocos. O açafrão é um croco semelhante em todos os aspectos a esses tons dourados que alegram os primeiros dias da primavera. Esse é o *Crocus vernus,* apreciado pela floração precoce e por ser prenúncio dos belos dias.

O açafrão *Crocus sativus* é um primo próximo dos crocos primaveris europeus. Faz parte das plantas citadas na mitologia grega e nas *Metamorfoses,* de Ovídio. Como o adônis ou o choupo, a mirra ou o narciso, todos personagens metamorfoseados em plantas, Ovídio põe em cena Croco, amigo de Mercúrio. Quando jogava disco com o deus do Comércio e da Inteligência, um lançamento infeliz o atingiu na testa e o matou subitamente; do solo banhado por seu sangue nasceu o açafrão. Quanto à rapariga que amava Croco, Esmilax, foi transformada em lírio. Os botânicos do século XVIII conservaram esses nomes: Tournefort criou o gênero *Crocus* para o açafrão, *Smilax* designando uma liana do México, a salsaparrilha.

Uma outra lenda se relaciona com a epopéia de Alexandre, o Grande. Ao chegar à Caxemira em 327 antes de nossa era, o conquistador grego acampou com seu exército num vale árido. Ao despertar no dia seguinte, a terra estava coberta por um tapete lilás, que se insinuara até mesmo sob as carruagens e as tendas. Alexandre viu nessa súbita invasão um mau presságio, e decidiu fazer meia-volta. Partiu novamente para o sul, atravessou o Indo e seguiu o curso desse rio até as proximidades do oceano Índico.

Na época de Alexandre, o açafrão já era conhecido de longa data. Encontramos vestígios de seu cultivo em cerca de 2300 antes de nossa era, na época do imperador Sargão de Acad, fundador do império acadiano na Mesopotâmia. Em 1700 a.C., a planta aparece num célebre afresco do palácio de Minos, em Cnosso, Creta, e também numa pintura descoberta na ilha de Santorim, no mar Egeu (1500 a.C.), onde vemos retratada uma jovem mulher colhendo os estigmas da flor. Além disso, o açafrão é mencionado, ao lado do incenso e da mirra, do nardo e da canela, no Cântico dos Cânticos,[1] atribuído a Salomão mas provavelmente redigido bem mais tarde.

O Egito importava o açafrão da Mesopotâmia, da Caxemira, do Irã e do Afeganistão, região de onde a planta parece originária. Isfahã

1. Cânt., 4, 14.

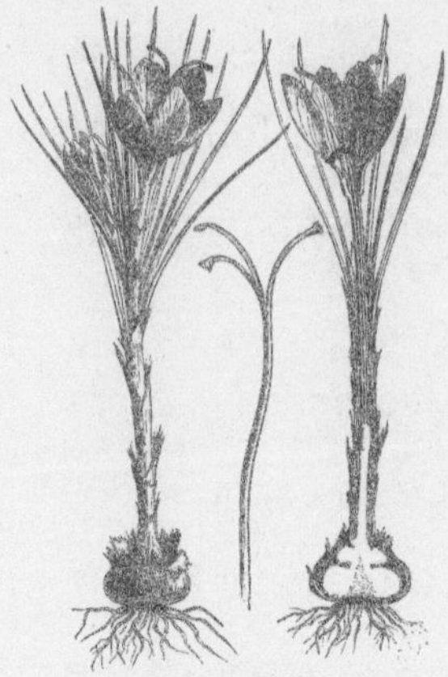

Açafrão

é célebre por suas rosas, mas também por seu açafrão. Este acompanha a conquista árabe, sendo, a partir do século X, cultivado na Espanha, onde permanece até hoje. Na França, as culturas do açafrão se instalaram na Provença, depois no Gâtinais, onde fez nome.

Quem sabe reconhecer os crocos identificaria com facilidade esse croco malva que é o açafrão. No centro da flor, um estilete se abre em três estigmas vermelho-laranja. São estas as partes utilizadas.

A cultura do açafrão exige uma mão-de-obra cara. Plantam-se os bulbos em julho e a colheita só é realizada no outono do ano seguinte. Essa colheita é feita manualmente: os estiletes são cortados – operação longa e delicada – e imediatamente secados. São necessárias pelo menos cem mil flores para se obter um quilograma de açafrão seco! Daí seu preço elevado.

Os estigmas do açafrão contêm picrocrocócidos (de *picros*, "amargo" em grego). Adiciona-se a eles uma matéria corante, solúvel em água, graciosamente batizada de crocócido, ou crocina.

Atualmente o açafrão faz uma carreira dupla como corante e como tempero. Dá cor, sabor e gosto a três receitas emblemáticas das democracias latinas: na Espanha, à paella à moda antiga; em Marselha, à bouillabaisse; e em Milão, ao risoto.

Mas a Europa setentrional não fica atrás, sendo utilizado na Suécia na confecção dos "pãezinhos" e dos bolos simbólicos do dia de Santa

Lúcia, festa da Luz celebrada em 13 de dezembro. Provavelmente devemos ver nesse costume uma homenagem prestada ao Sol, longamente ausente do céu escandinavo durante o inverno. Alain Stella observa que "a tradição reza que uma rapariga toda vestida de branco, e coroada com velas acesas, entra às cinco horas da madrugada no quarto dos pais ou dos hóspedes para servir essas delícias à base de açafrão, acompanhadas de chá ou café. Uma tradição imposta até mesmo aos laureados com o Nobel, presentes neste dia em Estocolmo para a prestigiosa cerimônia e dormindo tranqüilamente em seu quarto de hotel, às vezes nem mesmo alertados sobre o fato na véspera..."

O açafrão conheceu durante sua longa trajetória inumeráveis indicações terapêuticas. Os médicos árabes faziam dele amplo uso, e é a eles que devemos atribuir a origem do nome, derivado de *zahafaran*, este por sua vez de *assfar*, amarelo. Atribuem-se-lhe propriedades narcóticas e analgésicas, e é por essas características que intervém no *Laudanum*, do célebre médico inglês Sydenham, ou tintura de ópio açafranada, cuidadosamente mantida no armário de venenos das farmácias. É também a esse título que é, como precisa a legislação, "tradicionalmente utilizado na criança em extrações dentárias dolorosas". Era também reputado por acelerar os partos das mulheres "com problemas". Misturado ao vinho, e bebido em grande quantidade, "embriaga intensamente e engendra um inebriamento alegre que leva à loucura". Este último ponto merece verificação: numa dose pesada, digamos mais de cinco gramas, ele seria de fato

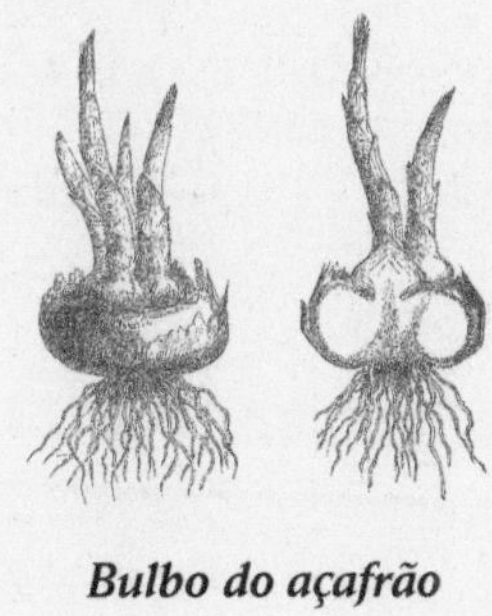

Bulbo do açafrão

tóxico. A literatura cita a propósito o caso de pessoas que teriam sentido mal-estar depois de uma absorção exagerada dessa apreciadíssima especiaria.

O óleo essencial que o açafrão contém em parca quantidade lhe confere seu odor específico: as salas de reunião na Grécia e os banhos romanos eram freqüentemente, por essa razão, aromatizados com açafrão. E Nero, sempre pródigo, espalhou-o pelas ruas de Roma para celebrar sua entrada na capital do império. Quanto aos monges budistas, não tingem sua veste com açafrão; empregam para isso o cerne lenhoso de uma árvore da família das Moráceas, a mesma da amoreira.[2] Essa cor simboliza a seus olhos o desprendimento, a renúncia e a ausência de desejo, que são os grandes "fundamentos" do budismo.

Alcaravia e cominho

"Maldição a vós, doutores e fariseus! Hipócritas, que pagam o dízimo da menta, do funcho e do cominho, desdenhando o essencial da Lei: a fidelidade, a justiça e a misericórdia... Guias cegos, filtrais um mosquito e engolis um camelo!"[3]

Com essa invectiva, Jesus evoca o funcho e o cominho que assim desfrutam da honra insigne de figurar nos textos sagrados dos Evange-

---

2. *Artocarpus integrifolia* L., a jaqueira.
3. Mat., 23, 23.

lhos. Com eles entramos na vasta e bela família das Umbelíferas, ervas que dispõem suas flores como as varetas de um guarda-chuva, formando assim umbelas – daí seu nome. As Umbelíferas trazem enorme contribuição para o mundo das especiarias com o cominho e a alcaravia, o funcho e o aneto, o anis e a angélica, o tomilho-indiano e o coentro, o cerefólio e a salsa; sem esquecer as gomas aromatizantes da assa-fétida e do gálbano, assim como a goma amoníaca: uma chuva de tesouros gustativos em nossos jardins e nossas mesas.

Assa-fétida

A arquitetura e a estrutura dos frutos das Umbelíferas são bastante características e tornam bem fácil sua identificação imediata. Em cima de cada eixo da umbela formam-se dois frutos secos unidos um ao outro por sua face plana e interna: os mericarpos. Cada mericarpo apresenta assim uma face chata, pela qual se cola a seu vizinho, e uma face externa abaulada. Sobre a face abaulada, cinco sulcos, como costelas, estriam o fruto, formando longas intumescências longitudinais paralelas e regulares. Às vezes esses sulcos são mais acentuados, como numa cadeia de montanhas, de outras, evocam um relevo de suaves colinas... Essas intumescências, bastante acentuadas ou meramente esboçadas, são uma característica distintiva preciosa para identificar as diferentes espécies da vasta família das Umbelíferas.

Alcaravia

Em algumas dessas espécies, ocorrem sulcos excedentes entre os sulcos principais, ou primários, formando assim quatro linhas de intumescências suplementares, ou sulcos secundários. Sua presença ou ausência é outro critério essencial que permite distinguir as espécies, pelo menos o cominho da alcaravia, duas especiarias sistematicamente confundidas na linguagem corrente.

Cominho

O cominho apresenta nove sulcos pouco salientes: cinco primários e quatro secundários; a alcaravia, apenas cinco, nitidamente mais acentuados. No cominho estes são dotados de pêlos rígidos que podem ser bem observados com uma lupa.

Formuladas essas sutis distinções, para grande satisfação do botânico sistemático – espécie bastante rara em nossa época! –, examinemos inicialmente o cominho.

Essa especiaria é conhecida desde a mais remota Antigüidade no Egito e no Oriente Próximo, uma vez que mericarpos foram encontrados nos mausoléus dos faraós. Como diversos frutos de Umbelíferas, os do cominho contêm de 2 a 4% de óleo essencial que lhe conferem valor e especificidade enquanto especiaria. Ocupava um lugar de destaque na gastronomia romana, passando por ser um forte aliado do hilário deus Crépito, que presidia a ruidosa e petulante emanação das flatulências dos comensais das mesas comuns, bem como da mesa imperial. Portanto, repe-

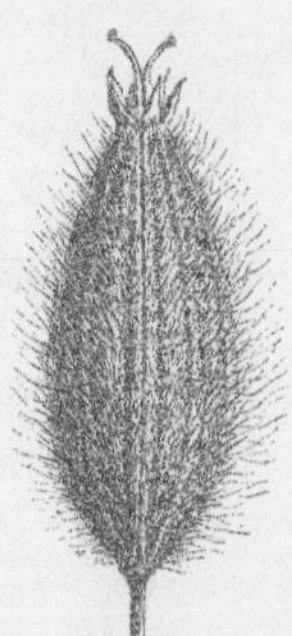

Fruto do cominho

tindo Flaubert, o conviva romano, com a benevolente bênção do deus citado, "exalava toda sua alegria pelas aberturas do seu corpo...". O que Rabelais exprimia mais cruamente por "eructar e baritonar do cu". E o que os cientistas provaram: o peristaltismo das fibras intestinais é efetivamente estimulado pelo cominho. Assim essa especiaria era considerada um remédio capaz de dissipar inchaços e cólicas graças à sua ação estimulante sobre o tubo digestivo. Eis por que ele também aparece sobre os queijos que, no ponto certo, tendem a se espalhar rapidamente como lava no prato que os contém.

Entre os dentes, o cominho exala um sabor ligeiramente citronado e anisado. É empregado em múltiplos usos culinários, sobretudo nos países mediterrâneos e até na Índia, passando pelo Irã, onde perfuma o arroz. É um dos ingredientes essenciais do famoso *garam masala*, mistura de especiarias bastante utilizada na culinária indiana.

Já a alcaravia foi colonizada nos países do norte e do centro da Europa, onde é cultivada; o que não a impede de também ter seu lugar nas cozinhas do Magreb e da Índia, onde entra nos *harissa* e *masala*. Na Europa sententrional, é encontrada com freqüência no pão, sobretudo no *pumpernikel* alemão ou austríaco, um pão de centeio que a alcaravia tempera com seu sabor ligeiramente citronado, mais doce que o do cominho. Mas um de seus usos privilegiados certamente é no célebre *munster* (queijo fermentado fabricado na região da Alsácia), que não seria o mesmo sem a alcaravia que o condimenta e que, nesse caso, é equivocadamente chamada de cominho. Para fazer um bom equilíbrio, pode-se acrescentar tranqüilamente

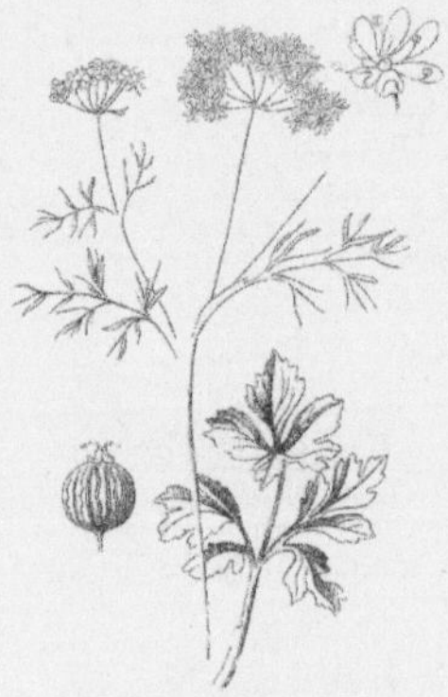
Coentro

um pequeno copo de *schapps kumel*, esse delicioso álcool de cereais perfumado à base de alcaravia – e não, nesse caso também, à base de cominho como seu nome permitiria pensar – que lhe deve seu delicado sabor frutado.

À inseparável dupla do cominho e da alcaravia, não é proibido acrescentar um outro oportunista, o coentro ou coriandro, oriundo da bacia mediterrânea e cultivado na Europa central, na Rússia, mas também na Índia e na Argentina. Impossível não identificar os dois mericarpos do coentro, pois são estreitamente colados, formando juntos uma esfera quase perfeita percorrida por sulcos ondulados inteiramente peculiares. Estomáquico, como todos os seus primos, aguça agradavelmente o sabor de um chucrute e figura na lista das plantas aromáticas utilizadas para fabricar diversos licores.

Anis, funcho e badiana

Duas Umbelíferas respectivamente de origem européia e do Oriente Próximo – o anis e o funcho – e uma Magnoliácea – a badiana ou anis-estrelado – são aqui reunidas na medida em que exalam o mesmo odor característico de anis devido ao anetol, primeiro constituinte de sua essência. O anetol é um corpo sólido cuja fusão se dá a 21 °C, mas que se dissocia espontaneamente no estado cristalizado por meio do resfriamento das essências desses frutos das Umbelíferas.

Perfeitamente conhecidos dos médicos e naturalistas da Antigüidade, os pequenos frutos secos do anis-verde (também chamado de erva-doce) são citados por Dioscórides e por Plínio, que lhes atribuem um impressionante leque de propriedades. Os médicos árabes fazem dele um grande consumo e o botânico Mattioli,* no Renascimento, indica que "sua semente é aperitiva, digestiva, concoctiva, incisiva e provocativa; expulsa as ventosidades. Ingerida em beberagem ou aspirada, faz cessarem os soluços, adormece...". Nessas qualidades reconhecidas da planta já se desenham duas de suas indicações fundamentais: o anis é estomáquico e sedativo. Em 1702, Louis Lémery esclarece que "o anis fortifica o estômago, expulsa os gases intestinais e, cordial, atenua as cólicas, estimula o leite das amas-de-leite e propicia bom hálito".

Imagem de obra de Mattioli sobre botânica

O anis-verde é uma erva anual; espontânea no Oriente Próximo, é amplamente cultivada em clima temperado superquente. As folhas são bem divididas, em segmentos lineares; e os frutos bem pequenos,

* Piero Mattioli (1500-1577): botânico italiano autor de diversas obras médicas e dos célebres comentários sobre os livros de Dioscórides. (N.T.)

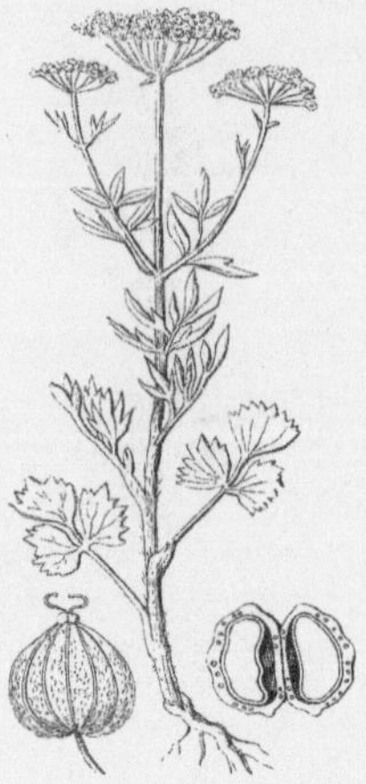
Anis

ovóides, um pouco estreitos no ápice, em forma de pêra, de cor cinza-esverdeada; emanam a agradável fragrância do anis, e podemos observar com a lupa os minúsculos pêlos plúmeos que os recobrem inteiramente.

As propriedades da essência de anis e do anetol de nada valem sem evocarmos as do álcool. Manifestam-se em duas seqüências sucessivas: a primeira é caracterizada por uma fase de excitação de curta duração e por uma forte necessidade de agir; a segunda, bem mais longa, manifesta-se por uma embriaguez pesada, seguida de sono profundo; porém, em doses elevadas, a essência e o anetol são tóxicos, provocando uma anestesia completa. Esses efeitos anestésicos e analgésicos se exercem em doses mais moderadas nos distúrbios estomacais e intestinais, o anis agindo como sedativo todas as vezes em que há contrações dolorosas desses órgãos.

O anetol, maciçamente presente na essência de anis, é uma das criações mais aromáticas e mais suaves do mundo vegetal. O célebre Pitágoras considerava o pão cozido com sementes de anis um excelente pitéu. O anis está bastante presente na confeitaria e mais ainda na elaboração de licores. Em forma de drágeas, recobertas por açúcar, cada semente se torna o anis de Flavigny ou de Verdun, empregado para purificar o hálito. Quanto aos licores à base de anis, são incontáveis. No Líbano, é o *arak*; na Turquia, o *raki*; na Rússia o *mastika*; e em Marselha, naturalmente, o *pastis*, cujo nome é relativamente recente, já que só se propagou de fato durante a Primeira Guerra Mundial. Uma canção original em *argot* marselhês parece evocar "enrascada" e "desordem" na famosa expressão francesa "*Quel pastis!*". Será que o uso dessa noção para o licor homônimo se deve ao fato de a água com a qual é "batizado" provocar nuvens turvas e opacas no licor claro e anisado? O pastis contém também alcaçuz, que lhe dá sua cor amarela. O abuso leva irremediavelmente à embriaguez pela dupla ação do álcool e do anetol. Assim, segundo a OMS (Organização Mundial de Saúde), a quantidade de anetol consumida por dia não deve ultrapassar 2,5mg/kg, ou seja, cerca de 200mg por uma pessoa de peso médio. Como o pastis contém de 1,5 a 2g de anetol por litro, convém nunca passar de quatro doses diárias.

O funcho é o irmão caçula do anis, a que se assemelha por suas características morfológicas, químicas e farmacológicas. Trata-se de uma planta perfeitamente conhecida da Antigüidade, pois, assim como o anis, é originária do contorno mediterrâneo. Encontramos o funcho sob a pena de Dioscórides e de Plínio, que recomendam seu uso. Os mericarpos do funcho são compridos e sulcados como os de todas as Umbelíferas. No fundo das quatro valéculas que separam os cinco sulcos ou costelas de cada mericarpo passa um canal secretor de uma essência rica em anetol.

A partir do Renascimento, o funcho (*finocchio* em italiano) é curiosamente amancebado ao peixe, do qual é um tempero usual. No ano da morte de Shakespeare, em 1616, o gastrônomo Culpeper escrevia: "Um bom e velho método de se cozinhar

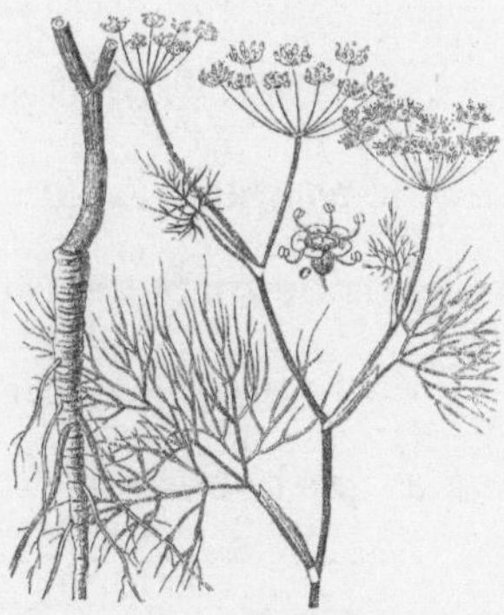

Funcho

o peixe, e ainda não abandonado, consiste em fazê-lo ferver junto com funcho. Isso absorve o humor (muco) fleumático que o peixe contém em abundância e que perturba o corpo, embora poucos daqueles que usam esse procedimento saibam por que o fazem..." Em suma, a se acreditar nele, o funcho neutralizaria o "veneno" do peixe! Depois formula uma explicação bem ao estilo da botânica do século XVII, fortemente impregnada de astrologia: "É porque essa erva é uma erva de Mercúrio, sob o signo de Virgem, e por essa razão, causa antipatia nos peixes..." De fato, Virgem e Peixes estão em oposição no zodíaco, o que absolutamente não impede os cozinheiros de nossa época de associarem peixes e funcho, que se harmonizam perfeitamente na companhia um do outro, como, por exemplo, no robalo ao funcho.

Esses efeitos benéficos não se exercem apenas a respeito do robalo, mas também dos humildes humanos protegendo-os de malefícios diabólicos. Assim, penduravam-se ramos de funcho nas casas da Idade Média para se precaver contra os maus-espíritos. Uma semente de funcho no buraco da fechadura impedia os fantasmas de penetrar nos quartos de dormir. A história não diz como se esvaziava depois o buraco para enfiar a chave... Nos estábulos, besuntar a teta das vacas com uma decocção de funcho as imunizava contra o feitiço do leite. O porquê dessas indicações mágicas permanece um mistério...

As infusões de funcho são hoje em dia mais prosaicamente ministradas aos bebês por seus efeitos ligeiramente sedativos e estomáquicos. Especiaria importante, o funcho só conhece aplicações bem modestas enquanto planta, o que não significa que suas propriedades diuréticas, galactagógicas e sobretudo estimulantes da digestão e laxativas sejam postas em dúvida.

Resta a terceira especiaria do trio: a badiana. Idêntica ao anis e ao funcho por sua composição rica em anetol, é um arômata originário do Extremo Oriente, da China e do Tonkim. Impossível confundir os frutos da badiana com qualquer outro vegetal, pois são formados por oito partes unidas que quando maduras se abrem em forma de magníficas estrelas de oito pontas irregulares – daí o nome "anis-estrelado". Quando o fruto é aberto, vê-se em cada ponta oca da estrela, em forma de canoa, uma semente oval de cor marrom-amarelada.

Badiana

A badiana chega à Europa via Rússia, onde conheceu a partir do século XIII grande notoriedade na Corte imperial. A feira de Nijni-Novgorod era então o epicentro do comércio internacional desse anis-estrelado, ainda chamado de "anis-da-sibéria" ou "funcho-da-china". Ele só apareceu na Europa ocidental em 1588, quando o navegador inglês Thomas Cavendish, retornando de sua volta ao mundo, o levou para Londres, vindo das Filipinas.

Mas é preciso esperar o século XVIII para que seu uso se propague pela Europa. Na Borgonha, entra então na preparação da famosa ratafia (aperitivo à base de vinho ou aguardente aromatizados). Henri Leclerc nos conta a esse propósito uma saborosa anedota:

> Acontece de se substituir os frutos da badiana pelos de uma espécie bem vizinha, *Illicium religiosum*, na qual os frutos estrelados possuem uma ponta

em forma de gancho, o que torna impossível qualquer confusão. Essa espécie originária do Japão é tóxica, sendo utilizada nas cerimônias fúnebres sob o nome de *sikimi*, que é plantada na frente dos túmulos em vasos de bambu e que era colocada antigamente diante dos nobres japoneses – de certo modo por antecipação – que se suicidavam pelo ritual cerimonial do *hara kiri*.

De fato, graves intoxicações causadas por uma badiana adulterada pela badiana do Japão ainda aconteciam em dezembro de 2001. As preparações em questão eram uma mistura de arômatas destinados a perfumar o vinho quente. Crises epiléticas foram observadas, o que resultou na proibição da venda de badiana.

Flor da badiana

Finalmente, em meio a essa vasta galeria dos frutos de Umbelíferas, saudemos também o aneto ou endro. Seus frutos são facilmente reconhecíveis por dois gomos ou saliências marginais de relevo marcadíssimo, o que, alongando-os de ambos os lados, lhes dá uma aparência achatada e alada. O aneto, cujo óleo essencial contém anetol, deu seu nome à substância que encontramos no anis. Dizia-se que, para serenar o ronco ou silenciar aqueles que falam dormindo, bastaria colocar frutos de aneto sob o travesseiro... Naturalmente, essa receita nunca foi verificada, sendo mais sensato nos limitarmos a ver no aneto uma dessas plantas estimulantes, estomáquicas e carminativas que fazem parte, ao lado do anis, do funcho e da badiana, do grupo das Umbelíferas com anetol.

Grandes umbelas e *fines herbes*

Ao rico repertório das Umbelíferas, alinham-se ainda três ervas condimentares: a angélica, a salsa e o cerefólio.

A angélica talvez deva seu nome ao fato de que seus frutos ovóides possuem expansões bem desenvolvidas, como as asas dos anjos ou dos arcanjos. Porém, para outros, suas virtudes teriam sido reveladas pelo anjo Rafael. A Antigüidade e o Renascimento a ornaram com todas as virtudes, de modo que se lhe conferia uma origem divina, corroborando o nome que Lineu lhe atribuiu: angélica arcangélica, em latim *Angelica archangelica.*

Angélica

Tudo é bom na angélica, em particular os pecíolos que se embainham no forte caule cilíndrico e oco. Confeitados no açúcar, constituem as verdes decorações que, ao lado das cerejas vermelhas, são indissociáveis da massa dos bolos. Os frutos e às vezes as raízes entram nas composições complexas e freqüentemente mantidas secretas de diversos licores.

A salsa foi uma erva sagrada antes de se tornar o mais comum de todos os nossos condimentos. Originária do Mediterrâneo oriental, os gregos se coroavam com ela por ocasião das grandes festividades, mas nunca a teriam usado em culinária, não mais, aliás, que o louro. Sua brilhante carreira culinária só começou com os romanos. Ela intervém

Salsa

então, segundo Plínio, como um arômata das carnes e das sopas. Já Galeano a acrescenta à alface. Quanto ao naturalista Dalechamps, atribui-lhe no século XVI "um sabor bastante agradável e aromático, de tal modo que não apenas os italianos, mas também os franceses, ingleses e alemães prezam muito comê-la na salada..."

Salsa-crespa

Sua riqueza em vitaminas A e P faz dela um condimento interessante e apreciado. Assim, não devemos relegá-la a um papel puramente figurativo, embora não contestemos as palavras de Henri Leclerc, sempre pronto a se insurgir contra os comedores de carne – os "necrófagos": "Não se pode imaginar, sem experimentar profunda sensação de horror, uma cabeça de vitela cuja palidez lívida não tenha sido realçada por um buquê de salsa ou uma insignificante gelatina animal revigorada por um vinagrete generosamente temperado com salsa." Quando seus talos ornamentam uma cabeça de porco no açougue ou um prato com suas magníficas folhinhas divididas e crespas, não é de forma alguma desonroso mordê-las e informar àqueles que a consideram um simples enfeite acerca de suas reais propriedades aromáticas, estomáquicas e vitamínicas. Não desprezemos as virtudes do mais habitual de nossos temperos!

Cerefólio

Próximo da salsa, o cerefólio é uma elegante Umbelífera que a Antigüidade parecia ignorar, mas que a Idade Média plantava nos jardins para realçar o sabor das saladas. Assim como o estragão, o cerefólio contém uma essência rica em estragol. É consumido cru e colhido o mais fresco possível. É comum que nas refeições seja oferecido bem picado para que cada conviva possa se servir à vontade e espargi-lo sobre o prato.

Para fechar as ricas contribuições das Umbelíferas, convidemos aqui, como hóspede estrangeiro, o estragão, que pertence à família das Compostas e ao gênero artemísia. Surgiu no século XVI nos jardins sem que se saiba ao certo de onde provinha. Corriam os mais loucos rumores a seu respeito. Para os comerciantes de hortaliças, a erva seria oriunda de sementes de linho que teriam se fechado num rabanete ou numa cebola e depois enterrados... Diversos botânicos confirmaram essa estranha gênese, mas outros, mais sérios, como Mattioli, Gesner ou Dalechamps, desaconselhavam vivamente seus contemporâneos a fazerem essa experiência, que só podia resultar em fracasso. Enquanto isso, não se sabia mais esclarecer de onde vinha o estragão.

Tudo indica que tenha sido observado pela primeira vez no século XIII pelo célebre médico árabe Ibn el Beithar sob o nome de *tharkhum*, que se tornou em francês *targon* e *dragon*. La Quintinie, jardineiro de Luís XIV em Versalhes, considerava essa planta como um dos melhores condimentos perfumados. Um pouco mais tarde, Valmont de Bonnemare, professor na Escola de Farmácia de Paris, lhe reconheceu a "vantagem de realçar o sabor das saladas, de ser muito útil para o estômago e de concorrer com eficácia para corrigir a inércia e o fenecimento das ervas

Estragão

Pimpinela

aquosas e insípidas como a alface". Isso era resumir claramente as propriedades do estragão, devidas a um óleo essencial rico em estragol que lhe confere seu sabor ligeiramente terebentinado, picante e anisado.

O estragão, com seu agradável perfume e seu sabor ligeiramente picante, enobrece os molhos *béarnaise* (ou bearnês), veneziano, maionese, *ravigote*... Para Henri Leclerc, "sem estragão, o vinagre se retrairia na rigidez monótona de um produto químico, a mostarda evocaria as lembranças aflitivas dos sinapismos, os picles não passariam de pepinos encharcados de ácido acético, os amantes da salada ignorariam o intenso deleite proporcionado por uma alface-romana frescamente colhida, quando formam um quarteto a salsa, o cerefólio, a pimpinela (*pimprenelle*) e o estragão...".

A mostarda que sobe ao nariz...

Crucifera

A mostarda é uma Crucífera: etimologicamente, "carrega uma cruz". Mas que cruz? Muito simplesmente, flores com quatro pétalas dispostas em forma de cruz-grega, o que torna essas plantas identificáveis ao primeiro relance. Muito característica também é a arquitetura da flor, com seis estames, quatro grandes e dois pequenos, e apenas dois carpelos formando um fruto alongado e capsular: a síliqua. Várias pequenas sementes se alinham nessa síliqua: são de coloração marrom-escura quando se trata da *Brassica nigra*, a mostarda-preta, e amarelo-avermelhada na *Sinapis alba,* a mostarda-branca. Porém, para a fabricação da mostarda, foram ambas destituídas em prol de *Brassica juncea,* cujos ramos se dispõem paralelamente, evocando o porte do junco.

Mostarda-preta

São conhecidas cerca de trinta espécies de *Brassica* e uma dezena de *Sinapis,* dois gêneros bem aparentados. Só um botânico experiente seria capaz de atribuir o nome correto a uma amostra de *Brassica,* gênero aliás muito rico, pois comporta, além da mostarda, a couve, o rábano, a rutabaga, a colza etc. Quanto ao gênero *Sinapis,* figura em suas fileiras o temível *Sinapis arvensis,* a mostarda-do-campo, especialista em parasitar os campos de cereais que, no pior dos casos, no momento da floração, começam a se assemelhar a campos de colza...

Todas essas mostardas são ervas de flores amarelas (em francês também comumente chamadas *sénevé*) que produzem o grão de mostarda mencionado nas parábolas bíblicas. Como compreender então as famosas passagens dos Evangelhos de Mateus, Marcos e Lucas[4] que evocam o grão de mostarda, "a menor de todas as sementes, mas que se torna uma árvore na qual podem se abrigar os pássaros do céu"? Ele simboliza o reino de Deus, que, minúsculo quando revelado no Evangelho, é chamado a crescer e se propagar por toda a Terra. Quanto aos pássaros, se assemelham àqueles que virão buscar "a palavra, a verdade e a vida" em sua fonte.

4. Mat., 13, 31-32; Lucas, 13, 19; e semelhante em Marcos 4, 30-32.

Já se discutiu muito sobre a natureza desse grão de mostarda (erva cujo nome alemão se tornou *Senf*). Os grãos são de fato minúsculos, já que são necessárias cerca de quatrocentas e vinte sementes de mostarda-preta para fazer um grama, porém, ao germinarem, nunca dão grandes árvores! Ao que se pode retorquir que a mostarda atinge às vezes o tamanho de um pequeno arbusto com caules semilenhosos e ramos amplamente expostos acerca dos quais conviria no entanto saber se são ou não capazes de suportar o peso de um pássaro. Decerto não em sua extremidade, mas provavelmente ali onde se separam os eixos principais.

Ainda nos Evangelhos, mas desta vez apenas em Mateus e Lucas,[5] o grão de mostarda é novamente comparado nestes termos à menor das sementes: "Se tiverdes fé, como um grão de mostarda, direis a esta montanha: 'Transporta-te daqui para lá', e ela irá, e nada vos será impossível." Assim, aos olhos de Cristo, o grão de mostarda era realmente a menor das sementes. O que não foi em nada confirmado pelas observações posteriores graças às quais o recorde de pequenez é conferido às minúsculas sementes das Orquidáceas. Mas, naquela época, na Palestina, não se descascavam nem se secavam as plantas silvestres; contentava-se em admirá-las, como evoca a bela parábola dos lírios-do-campo cuja beleza era reputada superar "a de Salomão em toda a sua glória".[6]

5. Mat., 17, 20 e semelhante em Lucas 17, 6.
6. Mat., 6, 28-29.

Essa incursão aos Evangelhos nos ensina que na época de Cristo a mostarda era bem conhecida. Gregos e romanos aliás já faziam grande consumo de mostarda de mesa. A receita mais antiga que chegou até nós remonta a Columela, que viveu em Cádiz no século I. Esse autor nos deixou uma dúzia de livros sobre a agricultura de seu tempo, o décimo, ou *De re rustica,* tratando dos jardins de hortaliças: ele nos relata que os grãos de mostarda eram triturados e misturados ao mosto de uva para dar um *mustum ardens,* um mosto de sabor ardente de onde derivaria nossa mostarda. O célebre Apicius, generoso gastrônomo da Roma antiga, recomendava-a para untar as salsichas.

Carlos Magno organizou o desenvolvimento dessa cultura em seu império e a Idade Média fez grande consumo da mostarda, pois seu preço era módico. João XXII, papa de Avignon no início do século XIV, apreciava bastante a mostarda e a passava em tudo. É a ele que se atribui a criação do cargo de mostardeiro do papa, que teria sido confiado a um de seus sobrinhos totalmente incapaz de ocupar qualquer outro posto... Dois séculos mais tarde, Clemente VII manifestou também um gosto acentuado por esse condimento, com que perfumava todos os pratos. Dizem que concordava com os caprichos de todos aqueles que preparavam a mostarda a seu gosto. Mais tarde, substitui-se o mosto de uva pelo de vinagre e do agraço, esse suco ácido obtido ao expremer um determinado tipo de uvas ainda verdes.

Conta a lenda que no século XIV, Filipe, o Audaz, duque da Borgonha, ofereceu à cidade de Dijon utilizar suas próprias armas e sua divisa "*Moult me tarde*" ("Tenho muita pressa"), a qual foi inscrita nas muralhas da cidade, e depois alterada para "*moult tarde*", outra etimologia conferida ao condimento. Na verdade trata-se aí antes de um hábil jogo de palavras, pois a mostarda já carregava seu nome de longa data, e Dijon já adquirira nessa época uma grande celebridade por suas mostardas. Mas outras cidades, tais como Angers, Orléans ou Bordeaux, também fabricavam excelentes mostardas.

Integrando mostos, vinagres ou agraços, a mostarda tem portanto associação estreita com o vinho. Na Idade Média, os bons vinhos consumidos na corte ou nas mesas dos burgueses de Paris vêm sobretudo de Anjou. O transporte do vinho é efetuado pelo Loire, os barris sendo carregados em barcos de fundo chato e desembarcados em Orléans, onde se verifica sua qualidade. Os melhores são encaminhados a Paris ou outras grandes cidades; os vinhos retidos servirão para a fabricação do vinagre e da mostarda. Daí a cultura da planta mostarda nessas regiões. A corporação dos "vinagreiros-mostardeiros" originou-se em Orléans no final do século XVI, e por volta de 1630 em Dijon. O consumo da mostarda se difunde então por toda a parte, donde o ditado: "Que Deus lhe proteja de três coisas: carne salgada sem mostarda, um criado ajanotado, uma mulher maquiada!" De fato, servida ou não por um criado narcisista, a mostarda "maquia" fortemente os pratos que encorpa com seu sabor picante.

Mas a mostarda, considerada antiescorbútica, não é desprezada nas longas viagens: Vasco da Gama, a caminho para as Índias, traz grandes quantidades. Do mesmo modo, durante o sítio de La Rochelle em 1627-28, Jehan Segnette ministrou (parece que com grande sucesso) a seus habitantes pó de mostarda incorporado ao vinho branco para lutar contra o escorbuto que grassava nessa cidade.

Rabelais faz de seu Gargantua um grande consumidor de mostarda: precaução útil para esse gigante glutão que "começava sua refeição por algumas dezenas de presuntos, línguas-de-boi defumadas ..., chouriços e outros tantos precursores de vinho..." É inesquecível a famosa batalha entre o exército dos chouriços e o de Pantagruel. A luta é renhida, e os chouriços juncam o solo quando aparece um monstro voador enviado por Terça-Feira Gorda. Pantagruel então se pergunta por que este último lança ao solo tamanhas quantidades de mostarda. Terça-Feira Gorda responde que a mostarda é um bálsamo celeste: basta colocar um pouco sobre os chouriços para que em bem pouco tempo "os aflitos se curem e os mortos ressuscitem...".

O século XVIII vê as variedades de mostarda se multiplicarem: à base de anchovas, champanhe, alcaparras... É também nessa época que nascem as grandes marcas sempre presentes no mercado. Por exemplo um tal Maille, estabelecido na rua Saint-André-des-Arts em Paris, que logo goza de renome internacional. Ainda hoje o célebre slogan "*Il n'y a que Maille qui m'aille*" (Só Maille me calha) é repetido para atrair a gula dos consumidores. Durante o mesmo século XIX, um mestre-vinagreiro de Dijon cria uma fábrica de onde saiu a sociedade Amora, cuja marca foi abandonada em 1919.

A composição dos grãos de mostarda é conhecida desde o século XIX: contêm fortes proporções de mucilagem presente em seu tegumento e que cresce em contato com a água. A substância ativa à qual a mostarda deve suas propriedades é o sinigroside, isolado em 1840 por Bussy. Sob a influência de uma enzima, a mirosina, e em presença da água, o sinigroside se divide em três substâncias: uma molécula de glicose, uma de sulfato ácido de potássio e uma essência volátil, fortemente rubificante e lacrimogênea, a "essência" de mostarda, inicialmente chamada alilsenevol, depois isocianato de alila. Essa substância, que é o verdadeiro princípio ativo da mostarda, não existe na semente, formando-se apenas no momento da pulverização em contato com a água.

A mostarda segue também uma dupla e brilhante carreira tanto em terapêutica como em gastronomia. Cataplasmas à base de farinha de mostarda conheceram antigamente um grande sucesso no tratamento das bronquites, até mesmo das broncopneumonias, antes do surgimento dos antibióticos no século XX. Tratava-se de aproveitar as qualidades revulsivas dessa essência, bastante agressiva quando em contato com a pele. O cataplasma, cuja mucilagem inflada de água atenua um pouco as propriedades vesicantes, acarreta uma intensa rubificação da pele e, caso seja mantido sobre ela muito tempo, uma verdadeira ulceração. Para o sucesso de um sinapismo à base de farinha de mostarda, convém evitar água muito quente, pois mataria a mirosina e impediria a hidrólise do sinigroside. Do mesmo modo, devem-se evitar as aplicações muito prolongadas a fim de não provocar flictenas ou ulceração. Os sinapismos eram uma das estratégias de uso externo utilizadas outrora para propiciar a descongestão dos brônquios, bem como para aplicação das "ventosas", até mesmo das famosas "pontas de fogo". (Tratava-se, nesse último caso, de escarificar as costas do doente em pontos e estrias obtidos com um estilete incandescido: um remédio "heróico" a que os antibióticos felizmente deram fim!)

Mas será razoável consumir toneladas de antibióticos para cuidar de modestas bronquites ao risco de ver os germes patogênicos desenvolverem cada vez mais resistências? Esta é uma das grandes questões da medicina contemporânea. Afinal, talvez fosse sensato e criterioso voltar, nos casos benignos, aos velhos e bons sinapismos...

Se a utilização terapêutica da mostarda está em desuso, o mesmo não acontece no que diz respeito às suas aplicações gastronômicas. Inumeráveis fórmulas foram minuciosamente elaboradas em função das marcas, dos locais de produção e do gosto dos consumidores. Ao passo que as mostardas fortes "sobem ao nariz" – segundo a conhecida expressão que significa "perder a paciência"–, as mostardas-condimentos e as mostardas *à l'ancienne* produzem efeitos mais moderados; estas últimas contêm grãos pilados, triturados mas não pulverizados. Henri Leclerc, sempre impiedoso com os consumidores de carne numa época em que ser vegetariano já era uma tendência da moda, tampouco mostra ternura pelos amantes da mostarda ao escrever:

> Para qualquer um que não seja filiado à seita cartaginesa dos 'comedores de coisas imundas', ela dá, àqueles que se contentam com carne cozida, a ilusão de não estar mastigando senão um mero pãozinho..., mascara os bafios equívocos das tripas e dos chouriços, inclusive permitindo ao estômago se mostrar impávido e estóico diante da indigestão do repugnante e macabro magdalião de sangue coagulado, do hemorrágico guisado que é o morcela (*boudin*). Os vegetarianos, que baniram de seu cardápio essas delícias culinárias, usam pouca mostarda, no máximo para facilitar a digestão de raízes cruas, de concocção difícil tal como o aipo-rábano, e para enfeitar os deliciosos sanduíches de salada, cuja moda começa a se espalhar.

No caso da mostarda, a regulamentação francesa só admite preparações feitas a partir de grãos de mostarda-preta e de mostarda juncácea. Mas o decreto de 10 de setembro de 1937 acrescenta: "Porém, em razão de costumes antigos, o uso de mostarda-branca (*Sinapsis alba*) está autorizado nos departamentos da Mosela, do Baixo-Reno e do Alto-Reno..." Outra concessão específica à antiga Alsácia-Mosela, anexada pela Alemanha em 1870 e recuperada pela França em 1918, que vem se acrescentar àquelas relativas ao regime dos cultos, às escolas, à caça e ao status das profissões liberais...

As Crucíferas reúnem algumas outras plantas cujas propriedades lembram as da mostarda. Todas trabalham o enxofre para fazer dele derivados de sabor quente e ardente. Todas contêm além disso um elevado teor de vitamina C, o que é característica tradicional dos antiescorbúticos. Entre eles, os agriões, os rabanetes, a cocleária e a raiz-forte.

A raiz-forte é provavelmente a mais planturosa das Crucíferas por sua folhagem vigorosa e coriácea, com um amplo limbo verde-escuro, denteado, e por sua raiz bastante volumosa em forma de bastão. Assim como a mostarda, contém sinigroside, a enzima correspondente, a mirosina, e entra na preparação das mostardas e condimentos. Possui por via externa as mesmas propriedades rubificantes que a mostarda – daí, antigamente, sua aplicação como vesicatório. Nos países do norte da Europa, permanece como um condimento usado cotidianamente. Bastante forte na boca,

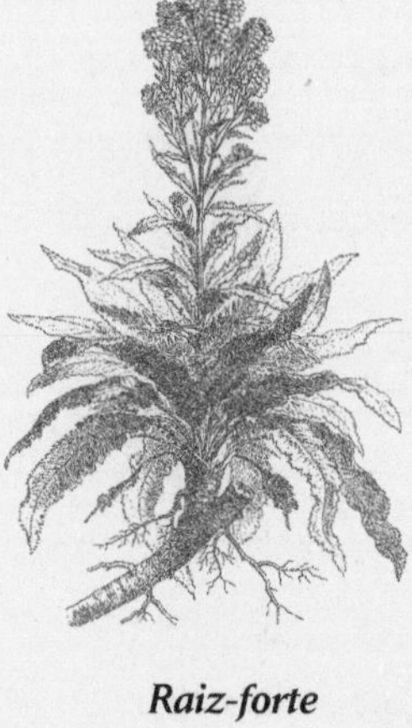

Raiz-forte

permitindo "com igual impavidez ingurgitar as mais pesadas salsicharias, as aves mais insípidas, as caças de pêlo e de pluma mais maceradas: a goela sente apenas fogo".

Alcaparras e zimbro

A alcaparreira pertence a uma família bem próxima das Crucíferas, a das Caparidáceas. Contém princípios sulfúricos bastante semelhantes, confirmando por meio da química as afinidades morfológicas que aproximam essas duas famílias botânicas. Os biólogos verão nela o testemunho de potenciais genéticos vizinhos recebidos de ancestrais comuns ao longo da evolução.

Alcaparra

A Antigüidade conhecia as alcaparras, que Dioscórides considerava como sendo frutos. No entanto, são botões florais colhidos antes do desabrochar, como os cravos-da-índia. Assinala que eram preparados em conserva numa mistura de salmoura e vinagre. As alcaparras dão sabor agradável aos peixes e também aos chucrutes, aliás como as bagas de zimbro.

Estas nada têm em comum com aquelas, nem por sua origem, nem por sua composição química, nem por seu sabor: provêm do junípero e são semelhantes a bagas tanto quanto as alcaparras, só que falsas bagas, resultantes da junção de três escamas carnudas portadoras

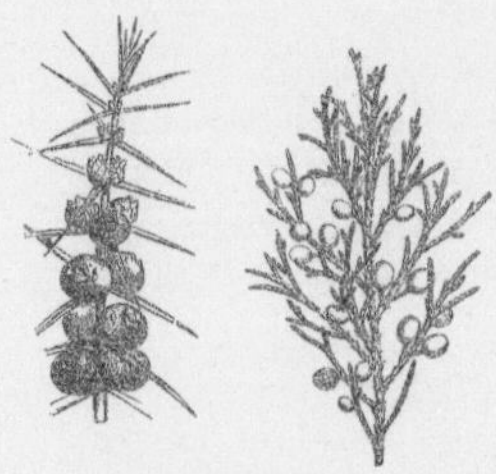

Zimbro

de óvulos – o equivalente aos estróbilos, cones ou pinhas de coníferas mas em modelo reduzido. Contêm um óleo essencial e entram, depois de fermentadas e destiladas, na fabricação dos gins, um dos melhores alicerces das tradições britânicas.

Alho

Perdidos no deserto do Sinai, por onde circularam durante quarenta anos, os hebreus, depois de sua saída do Egito, praguejavam contra Moisés: "Lembramo-nos dos peixes que no Egito comíamos de graça, dos pepinos, dos melões, do alho-poró, das cebolas e do alho! Não temos mais forças. Não há mais nada, senão o maná diante de nossos olhos!"[7] Assim, portanto, os hebreus preferiam a boa alimentação do Egito ao austero maná que se espalhava com a bruma da manhã em seus acampamentos. Porém logo se recuperaram ao conquistar a Terra Prometida. Ali cultivaram alho, cebola e alho-poró a ponto de os romanos qualificarem os judeus de "comedores de alho".

Originário das estepes da Ásia Central onde subsiste em estado selvagem, o alho se difundiu por toda a parte, cultivado ou naturalizado. Os chineses, os mesopotâmios e os egípcios o conheciam desde os tempos mais recuados. Quando Quéops, segundo soberano da

7. Núm., 11, 4-6.

quarta dinastia, empreendeu em 2600 a.C. a construção da mais alta pirâmide de Gisé, mobilizou cerca de cem mil homens naquele canteiro de obras literalmente... faraônico. Àqueles que trabalhavam com galhardia sob o tórrido sol do Egito era dado diariamente um dente de alho. Heródoto, grande historiador da Antigüidade, assinalava que gravaram "na pirâmide, em caracteres egípcios", quanto fora gasto com os operários em cebolas, alhos e rabanetes, ou seja, montantes fabulosos.

No papiro de Ebers, redigido em Tebas por volta de 1600 antes de nossa era, mais de setecentos nomes de drogas são mencionados. O alho ocupa ali lugar importante. Entra em numerosas receitas, sobretudo para tratar de dores estomacais e inflamações intestinais. Receitas provavelmente eficazes, uma vez que, mesmo o alho não trazendo uma contribuição decisiva para a ação terapêutica, o ópio a ele acrescentado – casado à bile do boi, o conjunto em seguida sendo diluído numa mistura de mel e vinho – agia eficientemente como antiespasmódico e sedativo do intestino.

Na *Odisséia*, os gregos chamavam o alho que consumiam de "rosa malcheirosa". Vemos Hermes prescrevê-lo a Ulisses para escapar aos encantos de Circe, a temível devoradora de homens. A feiticeira Circe quer de fato conquistar o coração de Ulisses no obscuro desígnio de metamorfoseá-lo em porco. A erva que protege Ulisses dos assédios de Circe se chama *móli*, e Teofrasto a identifica ao alho. O herói

Alho

devia ser supostamente protegido pelo forte cheiro exalado, mas este, longe de dissuadir Circe, a deixa loucamente apaixonada.

As coisas não correm tão bem para o poeta latino Horácio, convidado por um amigo mecenas para uma faustosa refeição fortemente temperada a alho. Ei-lo imediatamente depois rejeitado por sua amante Lídia em razão de seu hálito insuportável; tudo indica que a ruptura tenha sido definitiva. Horácio torna-se inimigo feroz do alho, e aconselha a seu amigo: "Se te acontecer de provar um prato desses, ó amável mecenas, que tua amante repila com sua mão os teus beijos e fuja para longe de ti!"

Os soldados romanos (em Roma, o alho era barato: sendo o condimento mais difundido entre o povo), mas também, mil anos depois, os cruzados, exalavam um terrível cheiro de alho; dizem que o hálito dos cruzados espantou os mouros tanto quanto suas armaduras. Os bárbaros, antes deles, não ficavam atrás: Sidônio Apolinário, homem de letras e brilhante bispo de Clermont-Ferrand no século V, fustigou visigodos e burgúndios, que dele eram grandes consumidores.

O alho também é moda na China: Marco Polo assinala sua presença em Iunan, onde se preparam fígados crus ao alho, ancestrais dos nossos modernos *steaks tartares*...

Segue-se o episódio freqüentemente citado do nascimento de Henrique IV em Pau em 1553. Recém-chegado ao mundo, seu avô Henrique de Albret esfregou um dente de alho nos lábios do bebê, que logo se abriram com avidez como se o bebê quisesse mamar. Encantado com essa reação vigorosa, o avô exclamou: "Pois que seja! Serás um verdadeiro bearnês!" A história diz que o avô ainda lhe ofereceu algumas gotas de Jurançon...* E acrescenta que o rei, apelidado por seus súditos de Vert-Galant**, teria consumido alho imoderadamente, incomodando bastante seu séqüito.

No intervalo de uma semana, Pantagruel, a acreditarmos em Rabelais, consegue derrotar não menos que duzentos e vinte e seis milhões de seus inimigos simplesmente abrindo a boca, empestando alho a grande distância...

Anedota célebre também: a história dos quatro ladrões que, durante a epidemia de peste em Marselha em 1726 e imunizados por um vinagre à base de alho, saquearam desavergonhadamente as casas dos defuntos. Prometeu-se então aos quatro que suas vidas seriam salvas com a condição de que entregassem sua receita secreta, o que se tornou o "vinagre dos quatro ladrões".

Na época, marinheiros e navegadores também faziam grande consumo de alho, pois "expulsa a corrupção causada pelas águas sujas e pútridas... Acalma também as náuseas e os vômitos provocados freqüentemente pelo ar salgado do mar."

Vasto panegírico, portanto, para esses dentes de alho tão modestamente presentes em nossas cozinhas!

É preciso saber que os dentes de alho não são bulbos. Os botânicos chamam-nos bulbilhos. Cada bulbilho, cerrado contra um outro, apre-

---

* Jurançon: vinho da região de Jurançon, nos arredores de Pau, nos Pirineus. (N.T.)

** *Vert-galant*: expressão francesa que significa "namorador inveterado". (N.T.)

senta uma ou mais superfícies inteiramente planas e uma outra saliente. São dispostos de forma circular sobre uma base comum e envoltos por diversas membranas esbranquiçadas. A reprodução é efetuada transplantando-se esses bulbilhos sem recorrer ao método sexuado. De fato, as minúsculas flores são dispostas em umbelas globulares, encerradas quando jovens numa grande bráctea membranosa. Em alguns climas, como na França, nunca desabrocham completamente e não fornecem nenhum órgão apto à reprodução. Porém, como se quisesse colocar o máximo de chances a seu favor, o alho, cuja floração é tão aleatória, substitui freqüentemente suas flores por minúsculos bulbilhos. Estes, quando se soltam e caem, dão origem a novas plantas. Bulbo no solo – como no caso do lírio e da tulipa, que pertencem à mesma família das Liliáceas –, bulbilhos substituindo flores: o alho merece realmente o nome que lhe atribuem os russos, "bulbo da vida".

A natureza multiplicou generosamente os alhos silvestres, já que são enumeradas não menos de setecentas espécies, todas originárias do hemisfério norte, das quais cento e quinze só na Europa. Em contrapartida as variedades cultivadas são pouco numerosas, fato bastante raro para um vegetal de cultura tão antiga. É verdade que, como a planta praticamente nunca floresce nas regiões francesas e se multiplica exclusivamente por seus bulbos ou bulbilhos, qualquer possibilidade de variação por seleção ou hibridização é impossível.

Por outro lado, diversos outros *Allium* fizeram carreira, como a cebola, o alho-poró, a echalota, a cebolinha e até o modesto alho silvestre ou alho de urso, a espécie *Allium ursinum,* que pontua os sub-bosques úmidos com suas bonitas flores brancas estreladas e exala, quando esfregado entre os dedos, um forte cheiro de alho.

Curiosamente um dente de alho não exala odor algum. Pois a essência odorante não é pré-formada, e, como no caso da mostarda, não é gerada senão quando o princípio ativo sulfúrico, a aliina, se transforma sob a influência de uma enzima, a aliinase, em alicina. Essa palavra contém o radical "alil", do nome alho (*allium*), que encontramos também na mostarda, combinada como nesta última com enxofre. O alisenevol da mostarda ou o dissulfeto de alil do alho produzem o mesmo sabor picante, e um homólogo próximo provoca na cebola o efeito lacrimogêneo tão nosso conhecido. Um efeito que também acontece quando se masca um dente de alho, queimando a boca e provocando lágrimas nos olhos!

Desde sempre o alho seguiu uma carreira dupla. Atua às maravilhas tanto sob a touca branca do mestre-cuca quanto sob o chapéu preto do médico francês de antigamente.

Encontramos o alho bastante presente na gastronomia mediterrânea, do *aïoli* ou *ailloli* provençal ao gaspacho andaluzo, do *ajo blanco*, sopa espanhola consumida fria à base de amêndoa e alho, ao gigô finamente recheado com dentes de alho. E quem se aventuraria a degustar *escargots* sem sua manteiga de alho? Ou uma *brandade* de bacalhau não-alhada? Sem esquecer de outro uso com o qual tanto combina, quando um dente de alho é cortado e esfregado em uma saladeira.

Da Antigüidade à Idade Média, o alho também teve uma brilhante trajetória no campo da medicina. Os legendários "quatro ladrões" de Marselha não estavam completamente errados ao se sentirem protegidos da peste com seu vinagre ao alho. A aliina e a alicina possuem de fato propriedades bactericidas marcantes. Numa época em que se ignorava tudo sobre os "micróbios", e portanto sobre os agentes de transmissão da peste e do cólera, não era absurdo prevenir-se com essências anti-sépticas – daí o costume de queimar ervas aromáticas para purificar o ar de seus miasmas. Os antibióticos não conseguiram substituir totalmente essas práticas antigas, uma vez que a aromaterapia – a terapêutica através das essências – recorre sempre às suas fortes propriedades anti-sépticas. Mas a essência sulforada e alilada do alho também põe em fuga os vermes, em especial os nematódeos, como o ascáride. Observam-se também propriedades hipotensivas, mas sua reputação como anticolesterolemiante foi questionada por recentes testes clínicos que, porém, não se revelaram conclusivos.

Em contrapartida, surgiram indicações muito positivas na inibição dos processos de cancerogênese. Estudos epidemiológicos empreendidos na China no início dos anos 1980 mostraram que os cânceres do estômago eram treze vezes menos numerosos numa província onde o consumo diário de alho era em média de vinte gramas do que numa outra onde esse consumo era apenas ocasional. Por outro lado, o consumo de alho parece não ter incidência na freqüência de outros tipos de câncer, tais como o de mama ou de pulmão. Essas observações foram confirmadas pela experimentação animal, quando a inibição da cancerogênese pelo dissulfeto de alil, entre outros compostos sulfurados próximos formados nos bulbos, foi demonstrada. Mas nenhum medicamento disponibiliza ainda essas propriedades.

Os fitomedicamentos à base de alho só podem oficialmente se prevalecer de uma indicação única: "tradicionalmente utilizado no tratamento dos distúrbios circulatórios menores". É a esse título que os extratos de alho são prescritos, por exemplo "Extrato vitamina P®", para o tratamento de problemas venosos tais como pernas pesadas, varizes etc.

Os detratores do alho invocaram o desagradável hálito de seus consumidores e, através da história, todo tipo de estratagemas foi sugerido para evitar esse inconveniente doméstico. Dioscórides aconselhava que se mascasse arruda; Parkinson preferia as folhas de salsa; outros ainda defendiam as favas cruas ou o grão de café torrado. Não fizemos o teste e, nessas condições, somos incapazes de nos pronunciar por uma ou por outra dessas estratégias.

Jardineiro, 1569

7

As Ervas Condimentares

Aromas e sabores mediterrâneos

Mais que os povos da Europa do Norte, os mediterrâneos manifestam um forte apego ao seu torrão natal. Para um grego antigo, o banimento era um castigo pior que a morte; para um provençal, o fato de que homens possam viver em Londres ou em Hamburgo constituirá sempre um enigma... Sob essas altas latitudes viviam os hiperbóreos: nada de mar azul e tépido, nada de fragrâncias, nada de odores de ervas para temperar com felicidade os grelhados dos churrascos, arcaicos reencontros com os tempos pré-históricos em que nossos ancestrais grelhavam a caça numa fogueira.

Fora de questão, a propósito de cada uma dessas ervas, ressuscitar sua história, esquadrinhar sua composição química, repertoriar sua utilização na medicina de outrora e seus usos na cozinha de hoje em dia. Isso seria uma tarefa penosa, pelo tanto que se assemelham: todas eram conhecidas dos Antigos e sua reputação terapêutica aos poucos foi quase esquecida. Contêm óleos essenciais odoríferos, elaborados nos pêlos dos caules e das folhas, especializados na síntese dessas substâncias. Quanto a seu uso condimentar, ultrapassou amplamente os limites da bacia mediterrânea.

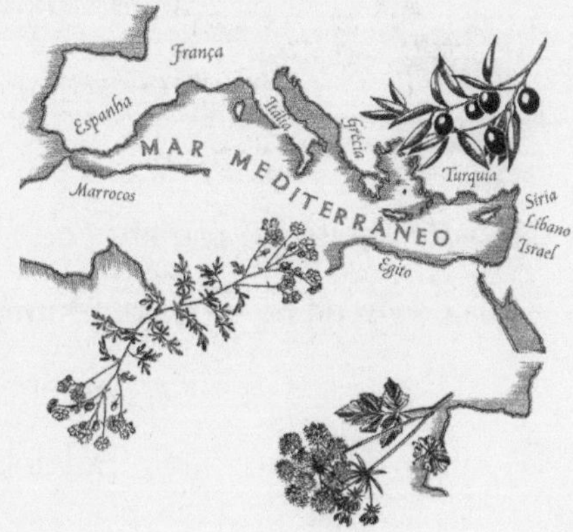

A medicina antiga amenizava a dor das feridas por meio do alcoolato vulnerário (do latim *vulnus*: a ferida). Esse alcoolato resultava da ação solvente do álcool sobre toda uma série de plantas aromáticas com virtudes antiespamódicas e carminativas que explicavam seu uso tão habitual como condimento. A longa litania das essências vegetais presentes no alcoolato assim é declinada: absinto ou losna, alecrim, angélica, arruda, calaminta, erva-cidreira ou melissa, funcho, hissopo, hortelã-pimenta, lavanda, manjericão ou basílico, manjerona, milfurada, orégano, sálvia, segurelha, serpão e tomilho, o conjunto macerado à razão de 100 gramas de cada espécie em 4.500 gramas de álcool a 60°.

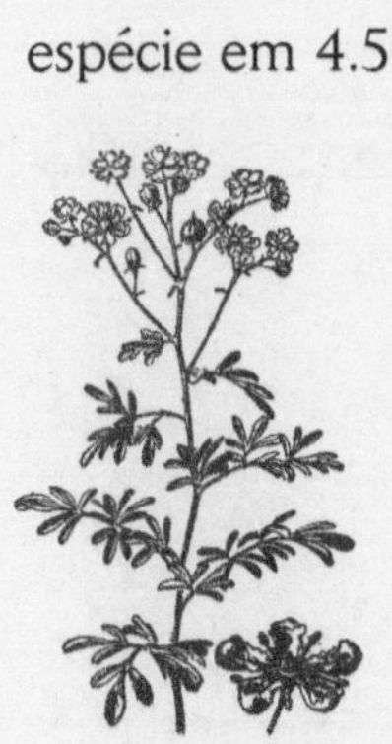

Arruda

Um botânico distinguirá imediatamente nessa lista as espécies originárias da família das Labiadas: o alecrim, a calaminta, o hissopo, a hortelã-pimenta, a lavanda, o manjericão ou basílico, a manjerona, a melissa ou erva-cidreira, o orégano, a sálvia, a segurelha, o serpão e o tomilho. Associará as outras às suas famílias de origem: as Umbelíferas para o absinto, a angélica e o funcho; as

Milfurada

Rutáceas para a arruda, e as Hipericácias ou Gutíferas para a milfurada. Todas essas espécies se caracterizam pela composição de suas essências. Algumas contêm um princípio nitidamente dominante, como o mentol que perfuma a hortelã, ou o timol que confere seu forte cheiro ao tomilho, ou ainda o acetato de linalila que predomina na lavanda. Outras têm composições mais complexas e sua essência contém uma sutil mistura de substâncias aromáticas, nenhuma delas nitidamente predominante.

Serpão

É fácil distinguir as Labiadeas por um conjunto de características bastante específicas que, quando reunidas, assinalam sua inclusão nessa grande família botânica de ambiência mediterrânea: caules quadrangulares, folhas opostas, flores bilabiadas – exceto as hortelãs –, dois estames pequenos e dois grandes – exceto as sálvias – e um fruto que apresenta quatro sacelos duros e arredondados: o tetraquênio. Mas cada erva tem seu aspecto particular, do verde fresco do manjericão ao cinzento terroso do tomilho, este último sendo adaptado aos solos mais pobres e áridos.

Orégano

A luta contra a aridez do substrato, tão freqüente na zona mediterrânea, manifesta-se em algumas dessas Labiadeas pela adoção de folhas perenes, de consistência rija por causa de uma espessa camada de cutícula destinada a limitar a transpiração. Além disso, essas folhas são compridas, bem delgadas, reduzindo ao máximo a superfície

Hissopo

dos tecidos que transpiram. Essas adaptações são observadas no alecrim, que, além disso, enrola suas folhas em si mesmas para esconder em criptas profundas os estômatos destinados às trocas gasosas. Essas criptas são cobertas de pêlos, e a folha enrolada desenha uma cavidade fechada onde a umidade devida à transpiração é cuidadosamente conservada. Quatro adaptações eficazes para uma mesma espécie: a estreiteza do limbo, seu forte revestimento cuticular, seu enrolamento em si mesma e seus pêlos abundantes, constituindo um microambiente úmido.

Manjerona

Nada disso ocorre, em contrapartida, nas hortelãs e melissas, no manjericão, na calaminta e na sálvia, onde as folhas aromáticas, de amplos limbos, se espalham, impávidas, sobre solos mais hospitaleiros. Um curto repertório evocará, para as mais conhecidas dessas espécies, alguns traços essenciais.

As hortelãs são inumeráveis, a ponto de Valfrido Strabo, abade de Reischnau, escrever no século X: "Se quiséssemos enumerar completamente as virtudes, espécies e nomes da hortelã, seríamos capazes de dizer quantos peixes nadam no mar Vermelho, ou o número de fagulhas que Vulcano pode contar esvoaçando fora das fornalhas do Etna..." O ardor com que as hortelãs se hibridizam entre elas, verdadeiro quebra-cabeças para os botânicos, dá razão ao augusto abade.

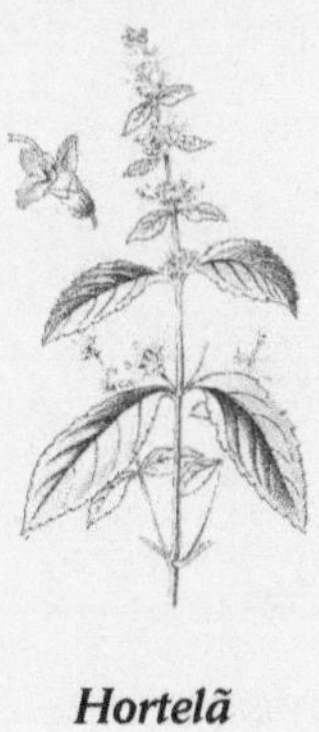

Hortelã

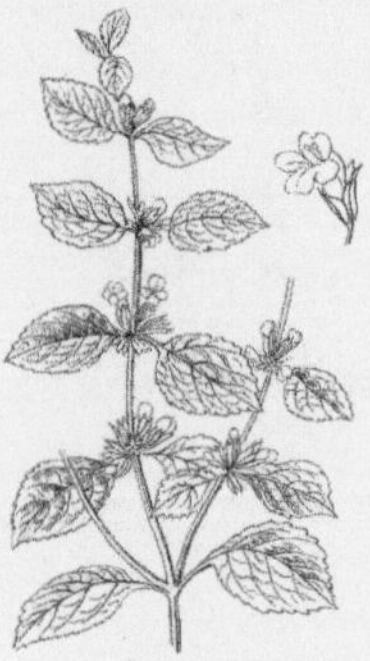

Melissa

A menta ou hortelã evoca a ninfa Minta, posta em cena por Ovídio em suas *Metamorfoses*. Minta era amada por Plutão, o terrível deus dos Infernos. Quando Proserpina, sua esposa, descobriu esse amor, transformou a jovem numa planta batizada com seu nome. Em sua homenagem, as jovens gregas tinham o costume de trançar sua coroa de casamento com ramos de hortelã, destronada mais tarde pela murta, dedicada a Vênus. Balas e bombons, chicletes, chás de hortelã e menta fazem parte de um consumo "globalizado". Mas o ocidental admirará sempre a extrema sofisticação com que os japoneses realizam a cerimônia do chá, ou a habilidade do árabe da África do Norte e do Oriente Médio ao jorrar o chá mantendo o bule bem distante da chávena.

Assim como o limão, a erva-cidreira ou melissa contém citral. Conhecida por atrair as abelhas – de onde a origem do nome grego melissa –, é uma planta melífera importante, cujas infusões, assim com as de hortelã, são antiespamódicas e estomáquicas, do mesmo modo aliás que a verbena, ou citronela, que facilita as digestões difíceis e o peso no estômago, constituindo uma antiga e bem-sucedida fórmula de infusão.

Alecrim

O alecrim, tão perfeitamente adaptado às charnecas secas, mas que não faz disso um princípio já que é cultivado até na Europa setentrional, apresenta uma singularidade botânica raríssima para uma planta extratropical: a arte de florescer o ano inteiro, inclusive no inverno. O inglês Thomas

Moore, dizia sobre ele: "Quanto ao alecrim, deixo-o espalhar-se pelos muros de meu jardim não apenas porque as abelhas o apreciam, mas também porque é a erva consagrada às recordações e, por decorrência, à amizade." Uma amizade que no seu caso tinha sofrido grande decepção: o rei Henrique VIII a traiu em razão de sua fidelidade a Roma, o que lhe custou a vida, mas ao mesmo tempo lhe valeu a santidade e a palma do mártir.

O alecrim possui um tropismo nitidamente hepático e entra em diversas medicações[1] destinadas a facilitar as "digestões difíceis", isto é, um conjunto de manifestações chamadas em geral de "crise de fígado", conceito tipicamente francês incapaz de ser estritamente explicado nem por uma enxaqueca, nem pela existência de um cálculo da vesícula biliar, nem por uma lesão do estômago ou do duodeno. O alecrim, assim como o tomilho, entra em inúmeras receitas culinárias, trazendo uma contribuição decisiva para os aromas e sabores mediterrâneos.

O tomilho possui sobretudo propriedades anti-sépticas, antitússicas, antiespamódicas e antelmínticas, além de fazer boa figura em diversas receitas culinárias. Quanto à sálvia (nome derivado do latim *salvare* que significa salvo), de que existem numerosas espécies, foi adjetivada, durante a Antigüidade e a Idade Média, com todas as virtudes: era a panacéia por excelência. Lia-se no frontão da escola de

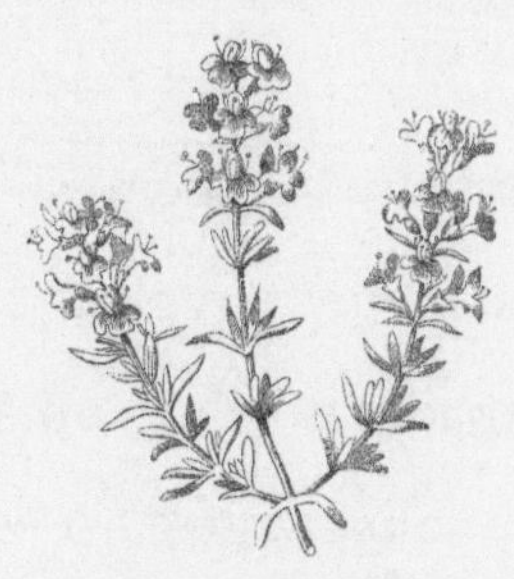

Tomilho

1. Por exemplo, Romaraine® e Romarinex®, na França.

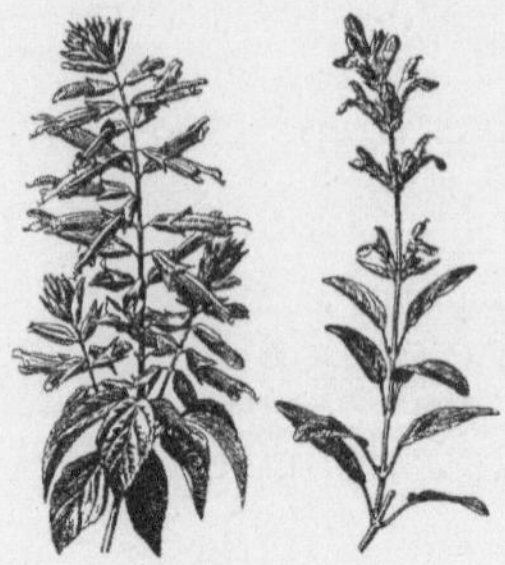

Sálvia

medicina de Salerno no século XII: "Como pode morrer aquele que tem sálvia em seu jardim?" O fato é que ele morre de qualquer maneira e que a sálvia acaba por morrer com ele, visto que perde suas propriedades terapêuticas umas após as outras, sendo pouco utilizada atualmente por suas propriedades tônicas, colestéricas, antitranspirantes, hipoglicemiantes, adstringentes, cicatrizantes, até mesmo estrogênicas. Alguns acidentes foram assinalados por utilização de essências de sálvia ricas em tuiona, suscetíveis de produzir efeitos convulsivantes. Mas este é um risco que não existe quando a sálvia é utilizada em doses pequenas como tempero.

Não esqueçamos a segurelha, acerca da qual se coloca a espinhosa pergunta: seu nome científico, *satureja*, deriva de sátiro ou de saturar? A primeira hipótese se apóia na reputação da segurelha de atiçar violentamente o fogo do amor. Sabemos que os sátiros estão prontos aos assédios amorosos, e a impotência não é sua patologia dominante... Mas Henri Leclerc desmonta essa etimologia: "A se pôr fé nessas afirmativas, esperar-se-ia ver uma planta temível, parenta próxima da mandrágora, repleta de sumos veementes e ornada de tinturas perturbadoras, como uma feiticeira pronta a enfrentar as orgias do sabá: fica-se bastante surpreso, até mesmo um pouco desconcertado, por se achar em presença da mais decente das ervas. Uma erva de ramos gráceis que guarnecem humildes folhas lineares de um verde-acinzentado, e cuja pequena flor lilás é pontuada por um pudico rubor. Uma erva que parece ter sido criada para figurar num jardim de um convento de boas irmãs. Não menos tranqüilizante é seu perfume discreto que lembra o do tomilho e é mais apropriado para favorecer honestas digestões do que carregar as veias com o fogo devorante da concupiscência..." Compreende-se que certos etimologistas, renunciando aos sátiros e à sua bulimia carnal, tenham ligado o nome latino da planta ao verbo *saturare*, porque, diz, Jean Bauhin, "é usada amplamente para misturar e cozinhar com os alimentos".

Louro, a árvore dos bacharéis

Deixemos o reino das Labiadas e passemos da erva para a árvore. Eis o louro: primo próximo da canela, pertence à família das Lauráceas e não tem nenhuma afinidade com as Labiadas; é evocado aqui por pura afinidade gastronômica, pois suas folhas, assim como as ervas da Provença*, realçam generosamente o paladar dos mais diversos pratos.

No mundo antigo, a vitória era recompensada com duas plantas simbólicas: a palma e o louro. A palma em geral era destinada aos mártires que fizeram jus à mais árdua das vitórias, aquela obtida sobre si próprio. Quanto aos imperadores triunfantes, é a coroa de louro que cingem ao redor da cabeça. Esta era feita de ra-

Palma

* *Herbes de Provence:* mistura de ervas que florescem nos montes do sul da França, constituída basicamente por alecrim, tomilho, segurelha, orégano e manjericão. (N.T.)

Louro

mos de louro (em latim, *laurus,* que significa triunfo, vitória) com seus frutos, bagaceos (em latim *bacca*). Daí o nome francês *baccalauréat,* em português bacharelado (ou bacalaureato), embora não haja o costume de se colocar coroas de louro em nossos jovens bacharéis, que quase sempre desconhecem a etimologia do nome desse tão ambicionado grau de formação. Por outro lado, Bachelier é também o nome de um botânico a quem cabe o mérito de ter trazido de Constantinopla a primeira castanheira, plantada em Paris em 1615. Chegada tardiamente, nunca adquiriu nenhuma significação simbólica. Em contrapartida, a veneração de que goza o louro em todas as civilizações da bacia mediterrânea lhe valeu o nome de *Laurus nobilis* (louro nobre), conferido por Lineu.

O louro evoca um amor desiludido de Apolo, que se apaixonara loucamente pela ninfa Dafne; esta, recusando-se a ele, acaba por fugir. Temendo ser encontrada, recorre a Zeus, que a transforma em loureiro para subtraí-la à paixão do deus solar. Porém Apolo continuou a amá-la e pediu a Zeus que fizesse do loureiro a sua árvore: "Que doravante tua folhagem coroe meus cabelos, minha lira, minha aljava... Quero também enfeitar tua folhagem com uma primavera eterna." Assim nasceu o louro, que coroa as primeiras "*Marianne*"* dos selos franceses: nos catálogos dos filatelistas, seu valor varia segundo estejam laureadas ou não...

---

* *Marianne*: nome dado familiarmente à República Francesa, oriundo de uma facção de republicanos conhecida como "*Sa Marianne*". (N.T.)

No *Horácio*, de Corneille, lemos no ato V: "Louro, sagrado ramo que se quer reduzir a pó,/ Vós que nos protegeis dos raios..." É que efetivamente o louro passava por repelir os raios, majestoso apanágio do primeiro dos deuses romanos, Júpiter. Pierre Delaveau se pergunta: "Terá sido por essas duas razões – emblema de Apolo e efeito pára-raio – que Júlio César cingiu sua cabeça com uma coroa de louro, a exemplo dos poetas?..." Nobre hipótese que Montesquieu maliciosamente põe abaixo: "O general vitorioso queria simplesmente esconder sua calvície..."

Ao longo dos séculos, porém, a árvore de Apolo e de Júpiter perde seu prestígio. Não é mais reservada exclusivamente para usos sagrados; ei-la que se banaliza e se torna louro comum ou, pior ainda, molho de louro! Daí esses versos bastante prosaicos de Béranger*: "Não achareis o louro bom/ Senão para o molho e o *jambon*..."

A folha de louro contém um óleo essencial e um óleo fixo, não destilável ao vapor d'água. O óleo essencial tem uma composição que evoca a da canela, sua prima da família das Lauráceas. O óleo fixo contém um ácido graxo fundamental, o ácido láurico, com dez átomos de carbono linearmente dispostos. Associado ao tomilho e à salsa, a folha de louro participa do famoso "*bouquet garni*" que perfuma as cozinhas e faz dele o mais clássico dos condimentos franceses.

---

* Pierre Jean de Béranger (1780-1857): poeta francês cuja poesia de inspiração popular e patriótica satiriza a política e o clero. (N.T.)

8

CURRY & CIA.

Depois dos solistas, ouçamos a orquestra. Embora cada especiaria tenha personalidade própria, associá-las é uma grande arte. Todas as tradições se dedicaram a isso. As especiarias se combinam e harmonizam em misturas complexas e sofisticadas que variam de uma mesa para outra, de uma região para outra, de um país para o seu vizinho, de um continente para seus antípodas – daí um amplo, saboroso e irisado caleidoscópio de cores e sabores, de fragrâncias e paladares. Ainda mais que não é raro o mesmo prato ser temperado com sutis misturas... de misturas!

Na Índia existe uma dezena dessas misturas chamadas masalas e equivocadamente chamadas *currys*. O termo *curry* é de origem anglo-saxã. Deriva de *carry*, nome de uma mistura de legumes temperados com especiarias, originária de Madras, no sul da Índia. Para preparar um curry de carneiro, como aconselha Alain Stella, "fazem-se necessários não um, mas três *masalas* diferentes. O primeiro, frito no óleo onde a carne é em primeiro lugar dourada, compreende gengibre, alho e pimenta. O segundo, que cozinha ao fogo brando com a carne durante pelo menos meia hora, combina o cardamomo com folhas da caneleira da China, similares ao nosso louro. O terceiro, acrescentado alguns minutos antes de servir, é a mistura comumente utilizada nos currys em fim de cozimento, o *garam masala*. O mais das vezes doce, maravilhosamente aromático, dá seu toque característico aos pratos ao harmonizar pimenta-preta, cominho, cardamomo, cravo-da-índia e canela. Mas existem também diversas versões de *garam masala*..."

Bachelard dizia que as plantas medicinais – tão comuns – eram muito complexas! As especiarias também! Um grande número de obras lhes foi dedicado nos últimos dez anos, assim como àqueles que arriscaram suas vidas além-mares para colocá-las ao nosso alcance. Será que devemos ver nisso uma reação instintiva contra os riscos que a globalização impõe à diversidade das culturas e tradições culinárias? Pois o mundo das especiarias é a exata antítese da padronização e da simplificação extremas, simbolizadas em todos os continentes pela emblemática Coca-Cola e o onipresente McDonald's. De um lado, um único estilo de cultura, a norte-americana, espalhado por todo o planeta; de outro, a vida provinciana intensa e colorida que brota das identidades regionais. Mas as viagens vendidas pelas agências de turismo também vão se padronizando, se banalizando e se "charterizando": os mesmos hotéis, o mesmo conforto, as mesmas ilhotas de riqueza afrontando a pobreza dos povos vizinhos. Daí, provavelmente, essa vontade de barganharem em bazares árabes e mercados pitorescos dos países visitados. A "cor local" retirou-se totalmente dos quatro-estrelas amontoados às margens das lagunas, protegidos por barreiras de recifes, fileiras de coqueiros e cercas de arame-farpado, tão depurados das tradições autóctones que é impossível, se ali nos entocarmos, conhecer alguma coisa do país anfitrião... No entanto, bem ao lado, a vida local oferece a diversidade de suas riquezas, "frutos da terra e do trabalho dos homens". É preciso mergulhar nelas, humildes e curiosos, para comungar com esses povos que vivem ou, com mais freqüência, sobrevivem nas terras das especiarias.

Na ilha Maurício, é indispensável visitar o Jardim das Toranjas, onde foram aclimatados, graças à intrépida ousadia de Pedro Pimenta, a noz-moscada e o cravo-da-índia. Em outros quadrantes, visitaremos os bazares árabes, símbolos do Oriente perfumado e colorido, de Marrakech a Túnis, do Cairo a Damasco e Bagdá. Sorveremos as fragrâncias quentes e condimentadas dos entrepostos portuários de onde partem caixas e fardos de especiarias. Viagem no espaço sobre nosso pequeno planeta, mas também viagem no tempo, descobrindo, através dos nossos interlocutores de hoje, os ancestrais próximos ou distantes que, de geração em geração, transmitiram um ao outro saberes e tradições milenares. Se para isso não precisamos mais enfrentar as tormentas do Cabo, a viagem oferecida e "formatada" pelas agências, curiosamente batizada deste lado do mundo com o terrível nome de "produto", permanecerá a despeito de tudo uma aventura.

Na obra de ficção científica *cult* de Frank Herbert, *Duna*, a caça às especiarias é o grande negócio da galáxia. Quem possui especiarias, detém o poder intersideral. É verdade que em nossos dias as especiarias não têm mais esse poder nem esse prestígio; evocam, porém, um mundo múltiplo e infinito, o dos aventureiros ou "cientistas-aventureiros" cujas façanhas continuam a nos fazer sonhar. E nada melhor do que um sonho neste mundo padronizado e superficial ao qual tentam nos aclimatar a despeito de nossa resistência.

Jardineiro, 1569

As Receitas de Jean Cabodi

9

Meu Amigo Jean Cabodi

A estrada estreita e íngreme sobe a colina no alto da qual está empoleirada a bela aldeia medieval de Limbour, na Bélgica. Ladeado por muros, atrás dos quais se escondem casas e jardins, o caminho faz uma curva e, súbito, as pedras substituem a pavimentação moderna de macadame. Desemboca-se então numa praça de proporções harmoniosas, em cujo solo toscamente calçado ainda ecoa o barulho das caleches que o percorriam outrora... As fachadas sabiamente alinhadas conferem a esse lugar elevado uma espécie de encanto atemporal.

À direita, o Albergue do Dragão se sobressai por uma placa discreta que, por pouco, passaria despercebida. Mas basta soar o gongo para que Jean Cabodi venha recebê-lo como um personagem saído de uma obra de Brueghel: grande avental branco, generosa corpulência, semblante truculento, olhar faiscante de malícia e cumplicidade. Aqui não se consulta cardápio! O senhor do lugar se encarrega de criar e cozinhar para você um menu de acordo com a disponibilidade de produtos frescos. E logo uma espécie de vertigem de sabores arrebata seu palato, colocando suas papilas literalmente de cabeça para baixo. Soja e milho transgênicos estão a anos-luz daqui! Legumes, caças e aves são delicadamente condimentados à base de misturas de especiarias em perfeita harmonia.

A seguir, algumas dessas receitas oferecidas por Jean Cabodi, a quem agradecemos imensamente! E vocês, amigos leitores: aos fogões, às panelas!

RECEITAS

Especiarias e temperos utilizados nas receitas

* açafrão
* anis-estrelado
* baunilha
* canela
* cardamomo
* coentro
* cominho
* cravo-da-índia
* cúrcuma
* curry
* gengibre
* mostarda
* noz-moscada
* pimenta-branca
* pimenta-da-jamaica
* pimenta-de-caiena
* pimenta-de-espelette
* pimentão vermelho
* pimenta-preta
* quatre-épices
* raiz-forte
* zimbro

Na cozinha

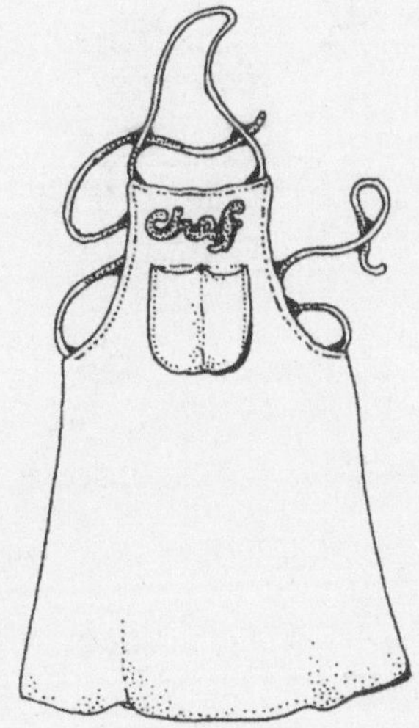

Os hábitos culinários não se modificaram muito desde a Antigüidade. Cada região possui seu clima e suas plantas, e nesse meio ambiente se enraízam suas tradições de mesa. Homens e mulheres se alimentam do que lhes oferece, de acordo com as estações, uma natureza sempre renovada que, assim, lhes proporciona essa variação dentro do imutável e do repetitivo permitindo a cada um executar, segundo seu gosto, o preparo de suas refeições. "Oferecida" às vezes a peso de ouro, intriga no entanto a curiosidade do nativo: sem sair de sua cozinha ele pode viajar em seu prato graças a essas preciosas colheitas que, conservadas em pequenos potes, se enfileiram no aparador da cozinha. Mesmo assim é preciso experimentá-las. As viagens costumam ser arriscadas...

Todo êxito repousa em bases simples. A observação atenta do preparo de um prato em plena transformação lhe fornecerá as pistas necessárias sobre o caminho a seguir. Com o resultado obtido, depois da degustação, virá a confiança; cada nova tentativa lhe parecerá sempre menos complicada. Sua atenção se concentrará em detalhes que, a princípio, pareceriam de pouca importância, como por exemplo, a variação de temperatura de acordo com cada alimento, sua densidade, seu grau de umidade (o mesmo do recinto onde está sendo cozinhado) etc.

A pimenta, o sal, uma baga ou uma folha aromática colocada sozinha ou acompanhada, seja antes, durante ou depois do cozimento – tudo pode ser transformado sem que se intervenha diretamente. A sinergia de um com o outro, a penetração dos sabores e sua exacerbação mútua não são unívocas, manifestando-se em todos os sentidos. É uma ópera na qual cada nota deve interagir sem quebrar a emoção comandada pela batuta do *chef*. E o *chef* é você!

MISTURA ANTIGA
Mélange ancien

Essa mistura, se for servida pura, sem aquecer, permite várias utilizações. Se usada como molho, não deve repetir os sabores de um outro prato que seja servido antes ou depois.

Utensílio necessário: um almofariz com pilão (de preferência não liso).

Folhas verdes, frescas e aromáticas em quantidades variadas, conforme sua disponibilidade e preferência (as folhas utilizadas devem estar num estado de frescor incontestável). Exemplos: espinafre, agrião, cerefólio, salsa lisa, algumas folhas de hortelã, manjericão.

Despejar um pouco de flor de sal de Guérande (sal marinho não refinado proveniente dessa região da Bretanha). De acordo com o tamanho do almofariz, amassar uma ou duas espécies de folhas de cada vez ou várias ao mesmo tempo. Colocar numa tigela e diluir todas juntas com um pouco de mel líquido de boa qualidade, azeite de oliva, um pouco de vinagre e pimenta-do-reino se necessário.

Variar a intensidade e a acidez de certas folhas em oposição ao mel escolhido, ao azeite utilizado e à quantidade de vinagre introduzida. A doçura do mel e a acidez do vinagre devem ser sentidas ao mesmo tempo. O sabor do conjunto das ervas envolvido pelo azeite escolhido poderá ser mais apimentado ou mais florido de acordo com cada caso. Definitivamente, a proveniência dos ingredientes será sempre a chave para a combinação dos sabores.

RABANADA AO CREME DE ESPECIARIAS
Le pain perdu à la creme d'épices

Usar um pãozinho-de-leite tipo brioche (os do meu padeiro são uma maravilha; feitos à base de leite integral, são preparados especialmente para fazer torradas, que ele vende no varejo depois de terem sido douradas sob a coifa escura do seu forno de lenha, quando os raios do sol já vieram de há muito acariciar suas fornadas de pão fresco).

Esse pão, quando um pouco ressecado (dormido), torna-se fácil de fatiar. Para nossas rabanadas, serão necessárias fatias com 3cm de espessura, que em seguida devem ser cortadas em duas metades e colocadas no forno para torrarem dourando sem excesso. Ao saírem do forno, as torradas devem estar secas e firmes ao toque. Reservá-las para que esfriem.

Preparar um creme *à l'anglaise* como se segue: em 1 litro de leite de boa qualidade, colocar 2 belas estrelas de badiana (anis-estrelado), cerca de 10 grãos de pimenta-da-jamaica, 1 bastão de canela de 10cm e 1 fava de baunilha partida ao meio. Cozinhar e deixar em infusão por 10 minutos. Enquanto isso, em uma vasilha adequada e suficientemente grande, onde depois será despejado esse leite, colocar 250g de *sucre semoule* (açúcar ultra-refinado e especial para confeitaria) e 14 gemas de ovos. Misturar bem batendo até obter uma massa lisa e espessa, com o dobro de volume e totalmente homogênea (diz-se *blanchir le sucre*). Antigamente esse processo era feito apenas com o batedor manual – o chicote (*fouet*) –, mas pode-se utilizar uma batedeira elétrica.

Em seguida despejar o leite sobre a massa, misturá-la com o batedor e tornar a despejá-la diluída no recipiente onde o leite foi cozido. Levar ao fogo misturando com uma espátula para ligar o creme *à l'anglaise*, o que se obtém rapidamente, devido à quantidade de gemas. Deixar à mão um *chinois* (peneira cônica de malha fina).

O leite logo atingirá 80°, o que será indicado pelo vapor de fumaça que então começa a sair. A espátula deve ficar totalmente coberta e untada pelo molho. Retirar do fogo e passar rapidamente no *chinois*, colocando de imediato o recipiente numa bacia com água gelada. Com a ajuda de uma colher-de-pau, mexer para resfriar o mais rápido possível o preparado, evitando assim a proliferação de germes prejudiciais à saúde e à sua conservação. Guardar o molho de especiarias no refrigerador.

Retirar com antecedência a quantidade de molho que será necessária para embeber as torradas. Acrescentar 1 ovo inteiro e bater com o garfo. Acrescentar um pouco de leite.

Arrumar as torradas num tabuleiro, derramar a composição por cima e deixar o líquido ser bem absorvido.

Passar na manteiga, dourando depois cada lado. Acrescentar então *sucre semoule* em um dos lados. Caramelizar virando uma ou duas vezes. Flambar ao calvados. Colocar num prato ou travessa com o fundo coberto pelo molho de especiarias.

CREME (À L'ANGLAISE) À BASE DE ESPECIARIAS – BAVAROIS – OVOS NEVADOS

Creme (à l'anglaise) aux épices – Bavarois – Oeufs à la neige

Se a receita anterior for servida para não mais de 4 pessoas, sobrará creme — tanto do que não foi utilizado como do que serviu para embeber as torradas. Passe-o no ***chinois*** (peneira cônica) e meça a quantidade obtida.

Serão necessárias então de 1 a 3 folhas de gelatina mergulhadas na água fria, depois dissolvidas numa medida de 1 xícara de leite fervente e, por fim, misturadas ao creme frio.

A seguir, bater uma quantidade de creme fresco igual à do creme *à l'anglaise* restante. Misturar os dois cremes. Despejar em uma fôrma grande ou várias pequenas, ligeiramente untadas com óleo doce (por exemplo, óleo de amêndoa doce, de avelãs ou ainda de amendoim ou de cártamo). Levar ao refrigerador. Depois de desenformadas, darão um excelente *bavarois*, que pode ser servido em fatias ou inteiro (fôrma pequena) sobre chocolate amargo derretido, ligeiramente diluído na água do leite ou do creme e espalhado no fundo de um prato.

O creme de especiarias pode também servir para forrar o fundo de um prato acompanhando *ovos nevados*. Usar algumas colheres de açúcar de confeiteiro (também conhecido como açúcar impalpável) caramelizado a seco em ponto de fio numa frigideira antiaderente e acrescido de uma pitada de pimenta-de-caiena em pó, para formar um filete sobre os ovos nevados (*îles flottantes*) dispostos no centro de um prato guarnecido com o creme.

Caso decida servir num intervalo de tempo bem próximo das rabanadas ou do *bavarois*, aproveite o leite fervente que entrou no creme *à l'anglaise* para nele cozinhar as 14 claras (ou parte delas) que sobraram do preparo com o creme.

O batedor e a tigela (de louça preferencialmente) para bater as claras devem ser lavados com vinagre e sal. Deixe escorrer e seque cuidadosamente. Bata as claras em neve com uma pitada de sal. Quando estiverem firmes, coloque, às colheradas, para cozinhar no leite aromatizado, usando para isso uma colher de molho ou uma pequena escumadeira. Retire-as e escorra. Em seguida, coloque sobre um pano ou guardanapo fino no refrigerador.

As claras podem também ser levemente açucaradas, mas isso não é necessário: o creme e a calda caramelada compensam e equilibram o sabor do conjunto.

SOPA DE ABÓBORA-MENINA
Potage au potiron (ou potimaron)

Escolher uma abóbora com interior vermelho-alaranjado, exterior ocre-claro e sulcos bem chanfrados.

Serão necessários:

* 3 porções de abóbora-menina
* 1 porção de partes brancas de alho-poró
* ½ porção de batatas bintje
* manteiga e azeite
* sal, pimenta-do-reino, cominho, pimenta-de-caiena, louro
* Para o *velouté*: manteiga, farinha, fécula de milho (maisena), leite, creme

Limpar e partir em pequenos pedaços os alhos-porós cortados em quatro no sentido do comprimento. Lavar bem. Escorrer.

Para limpar a abóbora: cortar em quatro, depois em dois transversalmente. Em seguida partir acompanhando cada chanfradura no lugar mais profundo. Cortar de novo cada pedaço transversalmente. Desse modo fica fácil e rápido descascar os pedaços.

Depois de descascados, cortar em cubos, assim como o alho-poró. Lavar e cozinhar abafado na manteiga e no azeite, mantendo o fundo bem úmido, com a panela tampada e em fogo alto. O vapor que sai indica que é preciso mexer. Providencie água fervente para regar e continuar o processo de cozimento. Acrescentar as batatas. Colocar sal, pimenta-do-reino, uma pitada de cominho moído, uma pitada de pimenta-de-caiena e uma folha de louro. Ao final do cozimento (aproximadamente 25 minutos), retirar a folha de louro e passar no *mixer.*

Levar novamente ao fogo e deixar cozinhar lentamente. Provar. Se desejar fazer um *velouté,* preparar um bechamel equivalente a $1/3$ ou $1/4$ do volume da sopa. Juntar e passar ainda fervendo num *chinois* fino. Acrescentar o creme no momento de servir.

LOMBO DE BACALHAU FRESCO COM ESPECIARIAS E ALHO-PORÓ COM CEVADINHA

Dos de moruette aux épices et poireaux à l'orge perlé

Cozinhar a cevadinha em água e sal acrescentando uma pitada de cúrcuma. Concluir o cozimento quando estiverem bem crescidas (estufadas). Conserve-as no suco do cozimento e reserve.

Eliminar as folhas verde-escuras de um alho-poró, aproveitando apenas cerca de $1/3$ de seu comprimento; corte-o ao meio de forma a ter um segmento que vá do branco-amarelado ao amarelo-esverdeado. Cortar em pedaços de cerca de 6cm de comprimento e parti-los em bastonetes de $1/2$cm de largura. Lavar bem e escorrer. Preparar a panela onde depois serão cozidos no vapor para que fiquem firmes e tenros.

Retirar a pele do bacalhau fresco, que deve ser um peixe jovem, e colocá-lo de molho em água fria. Cortar em pedaços e deixar escorrer sobre um pano ou papel-toalha.

Colocar uma face (ou ambas) de cada pedaço sobre a mistura a seguir: em 20g de *raz-el-hanout* (mistura de várias especiarias como cravo-da-índia, noz-moscada, cominho, cardamomo e macis, entre outras), acrescentar 10g de canela moída e 5g de gengibre moído, misturando tudo muito bem.

Cozinhar os pedaços de ambos os lados, com azeite ou manteiga, na frigideira antiaderente (com tampa e lentamente), tendo o cuidado de começar pela face que foi temperada primeiro virada para baixo.

Cozinhar o alho-poró. Escorrer a cevadinha e arrumá-la num prato previamente aquecido. Em seguida espalhar sobre ela os pedaços de alho-poró que, ao sair do vapor, serão regados com um pouco de azeite de manjericão. Colocar o peixe e por cima a manteiga (ou o azeite) de cozimento.

Guarnecer o prato com alguns ramos de cerefólio.

CREPES FLAMBADOS COM UVAS MUSCAT

Crêpes flambées au raisin muscat

Numa tigela, bater um ovo por pessoa. Acrescentar uma pitada de sal refinado, farinha e leite. Para preparar uma massa uniforme, peneirar a farinha e bater a massa como na Bretanha, com uma das mãos, os dedos servindo para avaliar e comandar as operações: no que diz respeito à consistência, untuosidade e fluidez, não existem melhores apalpadores para nos indicar a quantidade de leite necessária e evitar grumos.

As uvas? Sem cascas para ficar bem-feito, apesar do trabalho cansativo (mas é possível encontrar uvas descascadas ou sem caroços, em calda ou em lata, que satisfazem plenamente). Em uma panela, fazer uma calda caramelada com 6 torrões de açúcar cristal por pessoa (que devem ser esfregados numa casca de limão orgânico), um pouco de água, vinho branco suave (se houver), um pouco de cointreau e uma porção de manteiga. Cozinhar e acrescentar as uvas.

Adicionar então uma pitada de açafrão, o que dará a essa calda uma cor e um perfume exóticos.

Os crepes são então preparados na manteiga, numa frigideira rasa, e depois passados na calda dos dois lados. Regar bem e dobrá-los em quatro. Flambar com o cointreau acrescido de uma pitada de conhaque ou de kirsch. Cobrir bem os crepes com a calda, virando-os várias vezes para que se embebam dessa calda untuosa e intensamente perfumada.

Podem ser servidos assim, ou acompanhados de um belo sorvete de baunilha.

No caso de serem usadas uvas enlatadas, não é necessário esfregar os torrões de açúcar na casca de limão.

Outra opção é esfarelar *macarons* (biscoitos feitos com pasta de amêndoas) e salpicar sobre os crepes quando a massa estiver na frigideira.

TERRINA DE COELHO
Terrine de lapin domestique

Utilizar os melhores pedaços de um coelho novo ou sobras de um coelho adulto (incluindo os cortes de segunda), correspondente à metade do volume de uma terrina; a outra metade será de toucinho entremeado (banha de peito de porco salgada). Usar também tiras bem finas desse mesmo toucinho, ou então toucinho defumado – *bacon* –, para forrar toda a terrina (sobrepondo as fatias no fundo, em cima e nos quatro lados se for retangular, ou em volta se for redonda ou oval) de modo a não deixar espaços vazios.

Cortar o coelho desossado e o toucinho em formato de bastonetes bem compridos, mas com espessura que não exceda a de um polegar.

Temperar o coelho com sal, pimenta-do-reino, *quatre-épices* ou pimenta-da-jamaica – que você pode confeccionar no almofariz triturando uma colher de cravo-da-índia e 5 colheres de pimenta-preta (ou branca, caso prefira mais doce). Misturar uma boa colher de gengibre moído e duas de noz-moscada. Raspar um pouco da casca de uma laranja orgânica. De acordo com o gosto, podem-se acrescentar à mistura cerca de 15 bagas de zimbro ligeiramente batidas com a ajuda de uma faca grande. E, se desejar, um dente de alho ou mais, que poderá ser socado junto com o sal em um almofariz, de modo a se misturar melhor com os pedaços a serem temperados. Juntar tomilho e manjerona frescos aos ingredientes. Amassar tudo numa tigela e manter refrigerado durante uma noite.

Arrumar as tiras de toucinho cortadas bem finas, começando pelo centro do fundo da terrina e subindo para as beiradas, deixando transbordar as fatias. Quando todas estiverem dispostas na vertical e a terrina já com o recheio, as pontas do *bacon* que caírem para fora serão dobradas por cima do recheio, formando assim a tampa da terrina.

O recheio deverá ser arrumado no sentido do comprimento, alternando coelho e toucinho. Colocar uma folha de louro. Cobrir com tampa ou papel-alumínio.

Cozinhar em banho-maria no forno por 1 hora e 30 minutos a 200°, abaixando a temperatura no final do cozimento. Para se certificar, enfie uma agulha no centro: se ao tocá-la no seu lábio inferior a agulha estiver quente, o patê está cozido.

Retirar do forno. Quando a terrina esfriar, cobrir com uma camada de banha de porco derretida e degustar o prato a partir do dia seguinte.

COMPOTÉE MEDITERRÂNEA
Compotée mediterranéenne

Cebolas brancas doces de casca branca: orgânicas, em qualquer estação, ou durante a estação, cebolas rosas de Roscoff. É necessário aproximadamente a mesma quantidade de cada um dos legumes cortados: cebolas, pimentões amarelos, pimentões verdes e, para efeito visual, um ou dois pimentões vermelhos.

Cortar os pimentões em quadrados ou triângulos de tamanhos regulares. Retirar todas as sementes.

Numa panela grande, aquecer suavemente um fundo de azeite de oliva de qualidade, colocar 1 ou 2 pimentas-de-espelette sem socar, 1 folha de louro, alho se desejar; acrescentar um buquê de tomilho e alecrim frescos e, por fim, flor de sal. Mexer com uma colher-de-pau.

O azeite deverá envolver os legumes: não seja parcimonioso. O alho pode ser retirado após ligeira coloração, já tendo cumprido sua função.

Colocar as cebolas, mexer e tampar, mantendo o fogo alto. Assim que aparecer o primeiro vapor, acrescentar os pimentões e mexer, tampando novamente. Esperar dois minutos e repetir a operação: mexer, tampar. Acrescentar então um pouco de açafrão. A cebola deve adquirir uma bela transparência (sem coloração alguma), os legumes cozidos tenros não devem perder seu suco. Mexendo delicadamente, você deve observar a untuosidade viscosa do azeite misturada com os sucos das cebolas e dos pimentões.

É hora então de colocar a panela em lugar fresco e, quando esfriar, despejar num recipiente para conservas ou numa compoteira. A cor irresistivelmente quente da *compotée* o convidará a apreciar seu sabor sutil.

Acompanha patê ou peixe, ave quente ou fria: o prazer está servido!

FILÉ DE SALMÃO AO COENTRO
Dos de saumon au coriandre

Preparar um bom caldo de vitela bem gelatinoso, reduzi-lo com uma boa quantidade de grãos de coentro socados, um cravo-da-índia e uma discreta pitada de grãos de cominho. A redução deve ser suficiente para a quantidade necessária de molho.

Enquanto isso, temperar o salmão somente sobre a pele com sal e pimenta-do-reino.

Cozinhá-lo sobre a pele em uma frigideira apropriada (ou panela) antiaderente, usando um mínimo de azeite de oliva. Terminar o cozimento com a frigideira tampada.

Passar o molho no *chinois* (peneira cônica fina) fino depois de corrigir o tempero.

Acrescentar manteiga fresca e, talvez, algumas gotas de limão. Forrar com o molho o fundo da travessa ou do prato.

Arrumar o salmão, desta vez com a pele para cima. Guarnecer com folhas de coentro fresco ou, caso não disponha, folhas de salsa.

Servir com batatas ao vapor ou em *robe des champs* (cozidas na água com a casca), ou acompanhado de massa.

PERCA E COUVE-DE-BRUXELAS AO AZEITE DE PEVIDES DE ABÓBORA

Sandre et chicorée de bruxelles à l'huile de pépins de courge

Comprar os filés de peixe na quantidade desejada. Descamar com a lâmina de uma faca grande mantida quase paralelamente à pele. Limpar e lavar na água fria.

Aproveitar as espinhas picadas cozinhando-as por 20 minutos com aipo, cebola, água e vinho branco seco ou Noilly Prat dry, sal e pimenta-do-reino. Obtém-se melhor resultado se houver um pré-cozimento desses legumes abafados na manteiga. Juntar depois as espinhas antes de regá-los. Passar em seguida o caldo no *chinois* (peneira cônica) e reduzir para concentrá-lo, intensificando assim a qualidade de seu sabor.

Cozinhar as couves-de-bruxelas cortadas em dois no sentido do comprimento. Colocá-las espalhadas no fundo de uma panela, em uma só camada (não superpor), com sal, pimenta-do-reino, curry e água. Cobrir com papel-alumínio e um prato por cima e tampar.

O peixe será cortado em pedaços e cozido no vapor o mínimo de tempo possível, a fim de conservar sua cor nacarada.

Uma vez cozidas, retirar as couves-de-bruxelas e mantê-las aquecidas. Juntar o caldo de peixe, já bastante reduzido, com o caldo do cozimento das couves. Acrescentar uma pitada de cúrcuma e, se desejar, uma de cominho.

Cozinhar em fogo alto, acrescentar um pedaço de manteiga fresca e o azeite de pevides de abóbora. Misturar com o batedor, provar, corrigir o tempero com sal e pimenta-de-caiena.

Passar no *chinois*. Arrumar as couves ao redor da travessa ou prato, cobri-las com o molho e colocar a perca no centro. Guarnecer com um belo arranjo de folhas de cerefólio.

Acompanhar com trigo, arroz ou lentilhas.

PÊRA AO VINHO BRANCO E LIMÃO VERDE
Poire au vin blanc et citron vert

Descascar as peras, cortar em dois ao comprido, retirar os caroços e o miolo.

Cozinhar no vinho branco de sua escolha (de preferência, seco). Acrescentar fatias de limão verde sem casca e sem pele. A pele deverá ser retirada só na hora de cortar o limão, da seguinte forma: tirar – e reservar – a casca (ou zesto) em tiras finas com um descascador e, com a ajuda de uma faca bem afiada, retirar a pele branca. Em seguida, cortar o limão em fatias.

Para a quantidade de 6 peras, juntar 1 limão, 2 cravos-da-índia, 2 bastões de canela, 6 lascas de 1mm de gengibre fresco, um pouco de açafrão, 1 fava de baunilha cortada ao meio, 300g de açúcar mascavo e um pouco de açúcar-cândi mascavo ou demerara (ou melaço).

Uma vez cozidas as peras, arrumá-las numa travessa. Reduzir a calda para obter a consistência de um xarope encorpado e despejá-la em seguida sobre as peras. Esfriar.

Escaldar as cascas e cozinhá-las com açúcar que baste e um pouco de água. Assim que estiverem transparentes e a quantidade de líquido for o suficiente para envolvê-las, interromper o cozimento. As raspas de casca assim carameladas servirão para decorar o prato.

Servir as peras com sorvete de canela, ou pêra fresca madura com *petit-suisse* (queijo fresco cremoso) guarnecido com azeite de oliva extravirgem, mel de lavanda, limão verde em fatias (ou cortado em quatro) e as raspas de limão carameladas.

COELHO COM CERVEJA DOS HAUTES-FAGNES DA BRASSERIE DU LION

Lapin à la bière des Hautes-Fagnes de la Brasserie du Lion

A cerveja acobreada dos Hautes-Fagnes, produzida por uma minúscula *brasserie* perto de Limbourg, é uma maravilha de sabores sutis, realçados por aromas puros e autênticos. Aproveitei para com ela fazer um molho, em fogo brando, na panela em que foi preparado um coelho cortado em poucos pedaços: cabeça, patas dianteiras e traseiras, e o peito em três partes.

Temperar abundantemente com sal, pimenta-do-reino e *quatre-épices*. Saltear na banha de porco, ou em gordura de pato derretida, ou gordura de ganso, ou numa mistura de azeite e manteiga.

Dourar bem a carne. Acrescentar 4 belas cebolas vermelhas picadas, deixar por um momento no fogo alto, retirar e salpicar 2 punhados de farinha. Impregnar bem os pedaços.

Despejar então 2 garrafas de 330ml dessa bebida regional tão bem elaborada, mexendo para incorporar os resíduos do fundo da panela. Acrescentar 2 colheres de sopa bem cheias de grãos de coentro e de bagas de zimbro.

Os pedaços de coelho colocados lado a lado em uma frigideira funda ou na assadeira são cobertos com água quase até a borda. Continuar o cozimento no forno ou cobrir com uma tampa.

Assegurar-se do ponto de cozimento desejado com a ajuda de um garfo ou de uma faca pontiaguda.

Uma batata bintje *"frêtée"* (assada no forno com casca ou sob as cinzas de um braseiro) e algumas ameixas secas marinadas ao vinagre (como as que encontramos na região) são acompanhamentos especiais para esse prato.

À LA LIÉGEOISE

Os tordos são aves bastante conhecidas. E muitos conhecem também a história da expansão da indústria metalúrgica da cidade de Liège, que relegou aos rincões provincianos aqueles que, ocasionalmente, em suas panelas de barro, se regalavam com algumas dessas aves pouco conhecidas nas cidades. No dia de assar o pão, aproveitando-se do suave calor das brasas perfumadas da lenha, a avó depositava delicadamente em um cantinho do forno essa panela (*cocotte*) tão banal a nossos olhos, com suas alças voltadas para cima e sua tampa irregular. Fechada a porta desse tabernáculo, ficava quase esquecida, mas, uma vez todos sentados ao redor da mesa, a panela ressurgia toda empoeirada diante de nossos olhos. Todos aguardavam. Envolvida numa luva de pano, a mão da avó erguia a tampa e, em meio a uma nuvem de vapor perfumado, parecia-nos escutar o canto dos tordos preparados.

A receita era simples, mas exigia atenção.

Quer sejam tordos, codornizes, pombos e perdizes jovens ou quaisquer outras pequenas aves de que se disponha, é preciso arrumá-las de modo que sobre espaço à sua volta, uma vez escolhida a panela, para as batatas que serão firmes ou mais cozidas a gosto, cuidadosamente descascadas e de tamanhos semelhantes, não muito grandes. Cozinhar as batatas, virá-las e, com uma faca, dar 8 a 10 incisões precisas em cada uma. Essas batatas de mesmo tamanho e faces bem regulares permitem — ao virá-las — uma uniformidade no ponto de cozimento e na coloração.

Providenciar pão partido em cubos de 2,5 a 3cm (*croûtons*) e manteiga. Se a panela não for de barro, utilize material que permita aquecer lentamente (ferro fundido ou cobre).

Aquecer a manteiga em quantidade e calor razoáveis, sem dourar muito. Colocar as aves e as batatas cruas, bem temperadas por dentro e por fora com sal e pimenta-do-reino. Encher a panela até $\frac{9}{10}$ da tampa e iniciar o cozimento, lento e regular. Ao escaparem os primeiros vapores, sacudir um pouco a panela para rolar as batatas na manteiga. Abrir. Conforme a coloração das aves, virá-las. Se as batatas pegarem um pouco no fundo, deixar: elas se soltarão mais tarde. Dourar assim suavemente todos os lados das aves.

Ao final do cozimento, quando não houver excesso de gordura na panela, passe ligeiramente os *croûtons* na manteiga, numa frigideira, mexendo sempre até obter um dourado regular em todos os cubos de pão. Colocar sal e reservar. Esmagar levemente com uma faca 6 a 10 bagas de zimbro e acrescentá-las na panela, junto com os *croûtons*.

Tampar e deixar os *croûtons* absorverem os sumos da ave e do zimbro.

No momento de servir, verter uma boa dose de *pêltêt*, cobrir, aumentar o fogo rapidamente e destampar diante dos convivas. Batatas e *croûtons* absorveram a manteiga e o zimbro.

Pode acreditar, não há molho: delícia rara!

RIM DE VITELA À *LA LIÉGEOISE*
Rognon de veau à la liégeoise

O rim de vitela à moda de Liège é certamente o prato cujo cozimento é o aspecto mais delicado a ser levado em conta neste tipo de preparo.

O rim deve ser extremamente fresco. É preciso dividi-lo em dois no sentido do comprimento e extrair o filete: esses pequenos canais gordurosos devem ser retirados com um corte de faca em forma de V, dado de viés sobre o comprimento.

Salgar e apimentar. Colocar na panela com o lado gorduroso virado para baixo e usar pouquíssima manteiga, ou mesmo nenhuma. Acrescentar as batatas depois que a gordura do rim começar a derreter. É preciso que ao final do cozimento o rim esteja bem rosado e não muito cozido, pois se ficar borrachudo, será um desastre!

Concluir como todos os pratos ditos *à la liégeoise* (ver receita anterior). Se levarem um pouco de álcool, não flambar e jamais acrescentar creme de leite fresco.

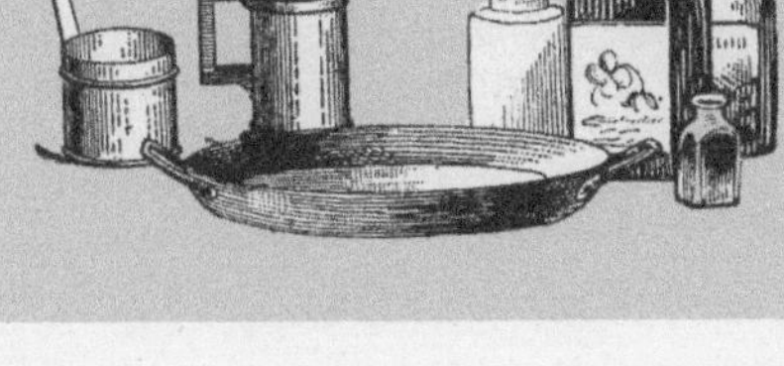

RINS DE PORCO COM GRÃOS DE MOSTARDA
Rognons de porc aux graines de moutarde

Preparar uma panela com água fervente. Em outra panela, refogar (suar ou dourar) na manteiga, echalotas cortadas bem finas. Polvilhar com uma pitada de farinha, cozinhar por um instante e depois regar com vinho branco. Reduzir e completar com um pouco de água. Acrescentar grãos de mostarda e uma colher de boa mostarda de Dijon, sal e pimenta-do-reino.

Escaldar (passar na água fervente) durante dois minutos os rins cortados em dois no sentido do comprimento e no da espessura, sem as peles. Deixá-los escorrer numa peneira fina para escoar as impurezas e o pouco de sangue que ainda possa restar.

Retificar o molho – verificar sabor, consistência, gotas de limão a gosto. Pode-se colocar também creme de leite fresco se for do agrado. Mantê-lo no fogo, sem nunca deixar ferver. Colocar os rins nessa cama de molho quente e salpicar ao cabo de um instante – e depois ao servir – salsa picada ou uma mistura de salsa e cerefólio.

Acrescentar uma maçã cozida no vapor ou uma batata frita grande, estilo *pont-neuf* (fatiadas em forma de palito, com cerca de 1 cm de espessura).

Pode-se variar o preparo adicionando ao molho ervas aromáticas picadas, logo antes da retificação: manjerona, tomilho, sálvia etc.

Servir à parte um belo maço de agrião.

Pode-se também experimentar cozinhar com essa receita pequenos filés de porco.

Se houver raiz-forte em seu jardim ou horta, ralar um pouco da raiz e acrescentar com parcimônia antes de servir.

SUPREMO DE FRANGO COM FIGOS FRESCOS
Suprême de volaille aux figues fraîches

Temperar o frango com sal, pimenta-do-reino e *quatre-épices.* Dourar o frango em bem pouco azeite numa frigideira antiaderente ou numa *wok* (de fundo côncavo e bordas altas). Adicionar um pouco de mel.

Acrescentar depois um pouco de chá, mexendo para incorporar os resíduos do fundo da panela. Reduzir. Acrescentar também um pouco de cardamomo, provar e retificar.

Colocar os figos cortados em dois e algumas lascas de gengibre fresco. Aquecer delicadamente a fim de não danificar os figos. Servir imediatamente.

Pode-se arrumar o supremo de frango enviesado na travessa, com os figos colocados em um dos lados. Cobrir tudo com o molho, sem excesso.

Para acompanhar, um maço de agrião ou beldroega.

Uma batata *macaire,* a seu gosto.

LENTILHAS VERDES DU PUY
Lentilles verts du puy

Lavar e cozinhar as lentilhas em água e sal ou em um pouco de caldo leve. Escumar, tampar. Cuidar para não pôr água em excesso.

Durante o cozimento, providenciar azeite de oliva de boa qualidade, uma mistura de pimentas em grão num moedor, cúrcuma, açafrão, um pouco de cominho moído, folhas frescas de urtiga-branca (lâmio-branco) e de hortelã (senão, usar tisana de urtiga e de hortelã).

Colocar todos esses ingredientes, com as folhas bem picadas se forem frescas, enquanto as lentilhas estão cozinhando e encontram se ainda um pouco duras. Cuidar para deixar um pouco de líquido, a fim de não obter uma massa muito espessa mas, ao contrário, de consistência ligeiramente untuosa.

Retifique o tempero picante e seja generoso no azeite que, de primeira prensagem (extravirgem) e bem selecionado, perfumará maravilhosamente este prato.

BIBLIOGRAFIA

AUDIBERT, Caroline. *Les épices,* Paris, Hatier, 1997.

BACRIE, Lydia e Virginie NEUVILLE. *Voyages aux pays des épices,* Paris, Hachette Phare, 2000.

BOIS, Désiré. *Les plantes alimentaires chez tous les peuples et à travers les âges: histoire, utilization, culture.* Vol.III: *Plantes à épices, à aromates, à condiments,* Comedit, 1995.

BOISVERT, Clotilde e Hubert ANNIE. *L'ABCdaire des épices,* Paris, Flammarion, 1998.

CLAIR, Colin. *Dictionnaire des herbes et des épices,* Paris, Denoël, 1998.

DELAVEAU, Pierre. *Les épices: histoire, description et usage des différents épices, aromates et condiments,* Paris, Albin Michel, 1987.

DRÈGE, Jean-Pierre. *Marco Polo et la route de la soie,* Paris, Gallimard, col. Découvertes-Histoire, 1989.

FERRARI, Jean-Patrick e Denis LEMORDANT. *Terre, planète des épices,* catálogo da exposição do Palais de la Bourse, Marselha, Jardins Botânicos da Cidade de Marselha, 1990.

HOWE, Sonia E. *Sur la route des épices,* Rennes, Terre de Brume, Bibliothèque Océane, 1994.

LECLERC, Henri. *Les épices,* Paris, Masson, 1929.

PELT, Jean-Marie. *Des légumes,* Paris, Fayard, 1993.

————. *Les médicaments,* Paris, Seuil, col. Le Rayon de la Science, 1969.

PIAT, Denis. *Sur la route des épices: l'Île Maurice 1598-1810,* Paris, Éditions du Pacifique, 1994.

STELLA, Alain. *Le livre des épices,* Paris, Flammarion, 1998.

ÍNDICE DAS ESPECIARIAS, ERVAS AROMÁTICAS E ARÔMATAS

Os números em negrito referem-se às páginas com ilustração.